我们内心的冲突

[美]卡伦·霍妮 — 著　张俊贤 — 译

新世界出版社
NEW WORLD PRESS

图书在版编目（CIP）数据

我们内心的冲突 /（美）卡伦·霍妮著；张俊贤译
.-- 北京：新世界出版社，2017.9
ISBN 978-7-5104-6343-3

Ⅰ.①我… Ⅱ.①卡… ②张… Ⅲ.①精神分析
Ⅳ.①B84-065

中国版本图书馆CIP数据核字（2017）第170305号

我们内心的冲突

作　　者：［美］卡伦·霍妮
译　　者：张俊贤
责任编辑：丁　鼎
责任校对：宣　慧
责任印制：王宝根　高　金
出版发行：新世界出版社
社　址：北京西城区百万庄大街24号（100037）
发行部：（010）6899 5968　（010）6899 8705（传真）
总编室：（010）6899 5424　（010）6832 6679（传真）
http://www.nwp.cn
http://www.nwp.com.cn
版权部：+8610 6899 6306
版权部电子信箱：nwpcd@sina.com
印　刷：北京嘉业印刷厂
经　销：新华书店
开　本：880mm×1230mm　1/32
字　数：140千字　印张：8
版　次：2017年9月第1版　2017年9月第1次印刷
书　号：ISBN 978-7-5104-6343-3
定　价：38.00元

前　言

本书致力于促进精神分析学的进步。它是我对患者和自己所做的分析性工作的结晶。书中提到的理论经过了多年的发展，但是直到我为由美国精神分析协会主办的一系列讲座做准备时，我的观点才最终成型。该系列讲座的第一讲围绕着精神分析的技术层面展开，题为《精神分析的技术问题》（1943）。第二讲涵盖了本书所关注的问题，题为《人格的整合》（1944），其中的一些主题，比如"精神分析疗法中的人格整合""超脱心理学”“虐待狂倾向”，我曾在医学专科学院和精神分析促进协会进行过汇报。

我希望本书对于那些想改进我们的理论和疗法的精神分析学家有所帮助。同时我也希望他们不仅能把本书中的观点应用于患者，也能将其应用于自己。精神分析学的发展来之不易，只有将我们自己以及自身遇到的困难都囊括进来，并不断总结经验，精神分析学才能不断进步。如果我们故步自封，不愿改变，那么我们的理论将注定是贫瘠的和教条化的。

然而，我也确信，任何超越了单纯技术问题或抽象心理学理论范畴的书籍都应当使那些希望认识自我且未放弃争取自我成长的个体从中获益。在艰难的现代文明环境中，多数人都陷入了书中所描述的内心冲突，他们需要得到最大的帮助。尽管严重的神经症需要专家的治疗，但我仍相信，我们也可以通过长期不懈的努力来理顺自己内心的冲突。

首先，我要感谢我的患者，在合作当中，是他们使我对神经症有了更多的了解。其次，我还要感谢我的同事，他们的关注、认可和理解给了我莫大的鼓励。我所说的“同事”不单单指那些年长于我的同事，也包括在我们的研究机构中接受培训的年轻同事，他们批判性的讨论非常有启发性。

此外，我还要提一下非精神分析领域的三个人，他们极大地推动了我工作的进程，并以特别的方式给予我极大的支持。当时，弗洛伊德的经典精神分析是唯一被认可的分析理论和实践，是阿尔文·约翰逊博士给了我在社会研究新学院汇报观点的机会。我还要感谢社会研究新学院哲学与文理学院院长克拉拉·梅尔女士，数年来她一直关注着我，并鼓励我把在精神分析工作中收获的最新结果拿出来讨论。我要感谢我的出版商诺顿先生，他那些非常实用的建议使我的拙著得到了很大的改进。最后，我还要向米内特·库恩表示谢意，在她的帮助下，书中的材料更加有序，我的观点也更加清晰明了。

卡伦·霍妮

序　言

无论起点在何处，道路是多么曲折，最终，我们都可以得出结论：人格障碍是精神疾病的罪魁祸首。实际上，几乎所有的心理学发现都包括这一论点，所以这个论点也可以说是一次再发现。任何时代的诗人和哲学家都知道，受精神障碍之苦的从来都不会是内心平静稳定的个体，而是那些经受着内心冲突的个体。从现代的理论观点来看，每一种神经症，无论其症状如何，都是一种性格神经症。因此，我们在理论和治疗方面的努力方向都应当是更好地理解神经症性格结构。

事实上，弗洛伊德伟大的先驱性工作已经关注到了这一概念，虽然他并未对其做出明确的阐述。其他人继续发展了弗洛伊德的成果——尤其是弗朗兹·亚历山大、奥托·兰克、威廉·赖希，以及哈拉尔德·舒尔茨·亨克——并对这一概念做出了更加明确的定义。但是，对于神经症性格结构的确切本质和动态变化，他们并没有达成被广泛认可的共识。

我的出发点与他们的都不同。弗洛伊德关于女性心理学的假设引起了我对文化因素的思考。我们关于男子气和女子气的观点很明显地受到文化因素的影响，我也意识到弗洛伊德的某些结论是错误的，因为他没考虑到文化因素的影响。我对这一课题的兴趣在过去的15年中不断增加。与埃里希·弗洛姆的联系更加深化了我的兴趣，他在社会学和精神分析学方面渊博的知识使我意识到社会因素除了在女性心理学上的有限应用之外，也会在其他方面产生很重要的影响。1932年，当我来到美国时，我的观点得到了证实。我发现，在美国，人们在处事态度和神经症等很多方面的表现都不同于我在欧洲观察到的结果，只有社会文化的差异能对此做出解释。我的结论最终发表在《我们时代的神经症人格》一书中。在这里我的主要论点是，早期神经症是由文化因素引发的，更明确地说，神经症是由人际关系的紊乱和失调引发的。

在我写《我们时代的神经症人格》之前的那几年，我按照早期假设的逻辑，追寻的是另一条研究路线。它围绕着神经症的原动力是什么这一问题进行。弗洛伊德第一个指出原动力是强迫性驱力。他认为这些驱力在本质上是本能的，其目标是获得满足感、去除沮丧感。这样一来，他便认为它们的存在并不局限于神经症患者，而是存在于所有人身上。但是，如果说神经症产生自人际关系的紊乱和失调，那么这种说法就不能成立。简而言之，在这一点上，我关于这些概念的看法如下：强迫性驱力是神经症性的；它们来自于孤独感、无助感、恐惧感和敌对感，代表着在这样的感受下个体对外部世界的应对方式；其首要目标不是获得满足感而是获得安全感；其强迫性特点的原因是背后潜在的焦虑感。其中的两个原动力——对爱和权力的神经症性渴望——在《我们时代的神经症人格》一书中我都做出了明确的解释，并进行了详细的描述。

尽管我认可弗洛伊德学说中最基本的原理，但我此时意识到我对更优化的理解的追寻已将我引向了与弗洛伊德学说不同的方向。如果那些弗洛伊德所认为的起决定作用的本能因素，实际上是文化因素，如果他所认为的性欲望实际上只是一种由焦虑感所激发的对爱的神经症性需要，目标是在与他人相处时获得安全感，那么，他的力比多（即性力）理论就站不住脚了。童年经历固然重要，但我们需要重新审视它对人生的影响。如此一来，将随之会有其他的理论性变化。这样我便需要明确我对弗洛伊德观点的立场，于是便有了《精神分析新法》。

与此同时，我对神经症的原动力的追寻还在继续。我把强迫性驱力叫作神经症倾向，并在我的下一部书中描述了其中的十种倾向。此时，我也认识到，神经症性格结构是最关键的。当时，我把它看作一种由多个相互作用的微观结构构成的宏观结构。每个微观结构的核心是一种神经症倾向。这一神经症理论有非常实际的应用。如果精神分析在根本上并不涉及建立当前困难与过去经验的联系，而是依赖于对人格结构中原动力相互作用的理解，那么，在很少的帮助或没有帮助的情况下认识自我和改变自我是完全可行的。面对广泛的心理治疗需求和匮乏的可用资源，自我分析似乎可以为满足这一重要的需求带来希望。由于书中的主体部分探讨的是自我分析的可能性、局限性和方法，我称之为《自我分析》。

然而，我对自己关于个体倾向的描述并不是完全满意。这些倾向本身已经有了准确的描述；但在我的脑海里总会有这种感觉，仅仅简单地将其列举出来会显得各部分之间过于孤立。我认识到，对爱的神经症性需求、强迫性谦虚，以及对“伴侣”的需求可以归为一类。我还没能明白的是它们一起代表着一种对待自己和他人的基本态度以及一种特殊的生活哲学。这些倾向是我现在总结出的概念——“接近人”的核心。我还认识到，对权力和名望的强迫性渴望与神经症野心有着某些共同之处。它们大体上构成了另一个概念——“对抗人”的因素。但是，尽管对赞美的需求和完美主义性原动力有着所有的神经症倾向性特征，而且影响着神经症患者与他人的关系，但其主要影响的还是个体与自我的关系。另外，相较于对爱或权力的需要，利用他人的需要不属于基本需要；相对来说它没那么全面，就好像它不是一个独立的概念，而是某些较大概念中的一部分。

自此时起，我的质疑被证实是合理的。在接下来的几年中，我所关注的重点转移到冲突在神经症中所起的作用。我在《我们时代的神经症人格》中说过，神经症产生自不同的神经症倾向之间的碰撞。我在《自我分析》中还说过，不同的神经症倾向之间不仅相互强化，同时还相互冲突。不过，这些说法一直都没有被重视。弗洛伊德逐渐意识到了内心冲突的重要性；但他把冲突看作已经被压抑的和正在被压抑的两股力量的对抗。我开始认识到的冲突是与之不同的。这些冲突在两种矛盾的神经症倾向之间起作用，虽然它们原本指的是患者对他人的矛盾态度，但有时也会包括患者对自己矛盾的态度、矛盾的品质和矛盾的价值观。

越来越多的观察让我看到了这些冲突的重要性。首先，我强烈地意识到患者对自己身上那些明显的矛盾一无所知。当我指出来时，他们会很回避，而且显得没有兴趣。后来在重复多次之后，我意识到，回避表示他们对处理这些矛盾深感厌恶。最后，对冲突的突然认识会引起患者的恐慌反应，这使我看到我的工作危机四伏。患者有充分的理由回避这些冲突：他们害怕自己被冲突的强大力量撕得粉碎。

然后我开始认识到他们为“解决”①冲突，或者更确切地说是否认冲突，达到假的和谐状态，会拼命地投入大量时间和精力。我看到在解决的过程中他们会做出四种主要的尝试，按照本书描述的顺序，我将其列出如下。

第一种是淡化冲突中的某个方面，使另一方面占据主导地位。

---

① 这本书中，在提到神经症患者为去除冲突而做出努力时，我都会用“解决”这个词。因为患者在潜意识中否认冲突的存在，所以严格来说，他并不是在努力“化解”冲突。他的努力在潜意识中是为了“解决”掉它们。——作者注（后文注释若无特殊说明，均为作者注）

第二种是“回避人”。此时神经症性超脱就有了一种新的功能。超脱是基本冲突中的一部分——也就是一种对待他人的原始冲突性态度；但它也是尝试解决冲突的一种方式，因为保持自我与他人之间的情感距离会使冲突无法起作用。

第三种类型的尝试是一种完全不同的方式。神经症患者没有回避他人，而是回避自己。他全部的现实自我变得有点虚化，并在其原来现实自我的位置替换了自我的理想化形象，使其中的冲突性部分得到美化，看起来不再有冲突，而更像是丰富人格的多种不同的方面。这一概念有助于澄清迄今为止许多难以理解并因此难以治疗的神经症问题。它也把两种起初难以融合的神经症倾向进行了恰当的设置。这样一来，对完美的追求的表现就是竭力符合这种理想化形象；对赞美的渴求可以看作患者想被外界承认他的确符合自我的理想化形象。从逻辑上讲，完美化形象与现实自我形象的距离越远，后一种需求就越难以满足。在尝试解决冲突的所有方式中，设定完美化形象或许是最重要的，因为它对整个人格都有着深远的影响。但是反过来它又会产生一种新的内心裂痕，因此需要更多的缝合弥补。

第四种试图解决冲突的方式的主要目的是消除这种裂痕，但是它也悄悄地带走了其他所有的冲突。通过这种被我称为“外化”的方式，患者会认为内心的活动是发生在真实自我之外的事件。如果说完美化形象意味着迈出了远离真实自我的第一步，外化就代表着一种与真实自我的更加彻底的分离。它也会产生新的冲突，更确切地说，是大大增强了自我与外部世界之间原有的冲突。

我之所以把它们称为解决冲突的四种主要方式，一方面是因为它们看上去在所有神经症患者身上都会起作用，虽然程度不同；另一方面是因为它们会对人格带来深刻的影响。但是对于冲突的解决来说，也绝不是只有它们在起作用。还有其他一些相对来说普遍性意义较小的方式，比如，自以为是，主要功能是压制所有的内心疑虑；严格的自我控制，它依靠纯粹的意志力维系着残破的个体；愤世嫉俗，通过贬低所有的价值观，消除与完美化形象有关的冲突。

与此同时，我对这些冲突未解决的后果逐渐看得更加清晰明了。我认识到了由此引起的各种各样的恐惧，对精力的浪费，对美好的品质造成的不可避免的损伤，对无法逃开冲突的纠缠而深感绝望。

在领悟了神经症性绝望的重要性之后我才开始关注虐待狂倾向的意义。这时我才明白，虐待狂倾向代表的是一种通过替代性生活而试图进行的补偿性活动，由一个对自我深感绝望的个体进行。虐待狂性质的追求常常会表现出强烈的激情，这来自于个体对难以满足的报复性胜利的欲求。此时我开始明白，对毁灭性压榨的需要实际上并不是一种独立的神经症倾向，它只是一种对永不失败的心理的更加综合性的表达。因为缺乏更准确的术语来定义这一群体，所以我们暂且称之为虐待狂。

这样就形成了神经症理论，其动态性的核心是在“接近人”“对抗人”“回避人”三种态度之间的基本冲突。由于一方面害怕被分裂，另一方面又需要保持整体性，神经症患者往往不顾一切地想解决冲突。尽管他这样做可以制造一种平静的假象，但是接着会出现新的冲突，这就需要新的补救措施来解决它。在努力保持个体整体性的过程中，其中的每一步都会使神经症患者更加有敌意，更加绝望，更加恐惧，更加觉得与自我和他人疏离，结果病情就会越来越严重，更加难以获得真正的化解办法。他会变得绝望，可能会试图在虐待狂性质的追求中寻求一种补偿，这反过来又会加深他的绝望感，造成新的冲突。

这是一幅关于神经症和其造就的性格结构的凄凉画面。但我为什么仍把我的理论称作建设性的呢？首先，它消除了那种认为我们可以通过十分简单的方法便能“治愈”神经症的不现实的乐观主义。但它不会引起同样程度的不现实的悲观主义。我为什么要把自己的理论称为建设性的呢？因为它使我们第一次着手处理并化解神经症性绝望。我之所以称之为建设性的，最重要的一点是因为它认识到了神经症患者内心纠结的严重性，不仅可以使潜在的冲突退却，还能找出真正的化解方法，这样就能使我们达到真正的人格整合。神经症患者无法通过理性决策化解冲突。他们所付诸的解决措施不仅徒劳无功，反而会适得其反。但是这些冲突可以通过改变引起冲突的人格而得以化解。做好每一步分析性工作便可以改变这些人格特征，因为它可以使个体不再那么无助、恐惧、充满敌意，并且不再那么与自我和他人疏离。

弗洛伊德对神经症及其治疗的悲观来自于他内心深处对人性本善和人类成长的不相信。他认为，人类注定要遭受痛苦或者毁灭，驱使他们的那些本能只能被控制，或者最多“被升华”。我的看法是，一个人有能力，也有去发展自己的潜能的愿望，那他就可以成为一个更优秀的人。但是，如果个体与他人、与自己的关系不断地受到干扰，那么他的潜能可能就会减弱或者消失。我相信，人只要活着，就能够改变，也能保持改变。我的理解越深入，这种信念就越强。

目　录

Our
Inner
Conflicts

第一部分　神经症冲突和试图解决的办法

第二部分 未解决冲突的后果

1

神经症冲突和试图解决的办法

第一章　神经症冲突的痛苦

我开篇要说的是：有内心冲突并不意味着患有神经症。在人生中的某个时期，我们的愿望、兴趣或信念势必会与周围的人发生碰撞。正如我们与周围环境的司空见惯的冲突一样，我们的内心冲突也是人生必不可少的组成部分。

动物的行为在很大程度上是由本能决定的。它们在交配、抚育幼崽、觅食、抵御危险等方面的行为或多或少都遵循一定的法则，不受个体决策的影响。与之相反，能够进行选择和做出决策是人类特有的，同时它也是一种负担。我们可能需要在将我们引向相反方向的两种欲望之间做出选择。例如：我们可能想独处，但也希望能有个朋友陪伴左右；我们可能想学医，但也想学音乐。或者也可能是在愿望与责任之间出现冲突：我们希望能与恋人出去约会，与此同时可能有处于困境中的人需要我们照顾。我们既想与他人保持一致，又想表达自己内心对他人的反对，这真是让人左右为难。又或者，我们可能在两种价值观之间摇摆不定。例如，在战争时期，我们的信仰要我们投身于危险的任务中，但我们也想对家庭负责任。

这些冲突的类型、范围与强烈程度在很大程度上取决于我们所处的社会文化。如果社会文化状态稳定且囿于传统，选择的种类就非常有限，个体可能发生冲突的范围也会很窄。即便如此，也并不是说就没有冲突。一种忠诚可能妨碍另一种忠诚；个人欲望可能与集体责任对立。但是，如果社会文化处于快速变迁的阶段，会同时存在高度对立的价值观和迥然不同的生活方式，个体需要做的选择就会多种多样且难以抉择。他或是顺应社会的期望做人，或是成为一个持异议的特立独行者；或爱上群居，或成为山林隐士；或尊崇成功，或鄙夷成功；或认为要严格管教孩子，或认为孩子应该自由成长；或认为男女有着不同的道德准则，或认为双方应该是平等的；或把性关系当作人类亲密感的一种表达方式，或将其与爱慕之情分离；或许会有种族歧视，也可能会认为人类的价值与肤色、鼻子的形状无关；等等。

毫无疑问，生活在当今社会文化下的人都会面临上述这些选择，因此人们的内心产生冲突并不足为奇。但是，惊人的事实是，大部分人并没有意识到这些冲突，因此也没有通过任何具体的方法来解决它们。他们通常得过且过，把自己交给各种偶然。他们不清楚自己身处何地。他们在没有意识到的时候就做出了各种妥协，陷入了各种矛盾之中。我在这里指的是普通人、正常人、未患神经症的人。

因此，要想找出矛盾的存在并在此基础上进行决策必须有前提条件。这些前提条件具有四重性：我们必须清楚我们的愿望是什么，甚至可以说，我们的情感是什么样的。我们是真的喜欢一个人，还是因为我们应该喜欢他所以才认为自己喜欢他？如果我们的父母去世了，我们是真的悲伤，还是仅仅做做样子？我们是真的希望成为一名律师或医生，还是仅仅因为我们认为它是一份令人尊敬并且收入丰厚的工作？我们是真心希望孩子能幸福独立，还是仅仅嘴上说说？大多数人会发现这些看似简单的问题却很难回答；可以这么说，我们并不了解自己真正的感受和需要是什么。

由于冲突通常与信念、信仰、道德、价值观有关，我们的内心只有在已经形成了自己的一套价值观的前提下才会产生冲突。那些仅仅被我们接收而没有被接受的观念不足以引起冲突或指导决策过程。一旦受到新的观念影响，这些观念随即会被新的观念轻易取代。如果我们已经接受了周围环境所推崇的价值观，与我们核心利益有关的那部分本会出现的冲突便不会出现。例如，如果一个人从未质疑过他心胸狭窄的父亲的智慧，那么当他的父亲想让他从事自己不喜欢的职业时他的内心便不会产生冲突。一个已婚男人如果爱上了第三者，实际上就陷入了一种冲突，但如果他没能建立起自己的一套关于婚姻意义的信念体系，就会直接在阻力最小的道路上放任自流，而不是直面冲突，在两种道路之间做出选择。

即便说我们已经意识到了某种冲突，我们还必须愿意且能够放弃矛盾问题的某一方面。但极少有人能断然地放弃，这是因为我们自身的情感和信念非常混乱，或者说到底还是因为大多数人的内心没有足够的安全感和幸福感，才难以做出取舍。

最后，要做出决策，其前提是决策者愿意并且有能力承担它所带来的责任。这包括决策错误所造成的风险，决策者愿意承担后果，且不怨天尤人，比如应该抱有“这是我的选择，我自己的事”的想法。当然要有这种想法，其先决条件是要有比多数人更加强大的内心和更高的独立性。

正因为我们当中大多数人都会陷入冲突的纠缠中——不管我们是否意识到了这一点——所以我们都倾向于带着羡慕和嫉妒的心情去看待那些看似不会被任何类型的内心不安所羁绊、生活非常顺利的人。有时，我们有必要羡慕。他们可能内心强大，建立起了属于自己的一套价值体系；也或许经过多年的历练，他们内心的冲突已经消失，再加上没有必要再做决策，他们掌握了使内心平静的方法。但是外部表现可能是具有欺骗性的。更多时候，由于他们的冷漠、顺从或侥幸，我们所羡慕和嫉妒的那些人并没有按照自己的信念真正地面对冲突或者试图化解冲突，他们只是放任自流，或者为眼前的利益所驱使罢了。

有意识地直面冲突尽管可能比较痛苦，但却是一种非常宝贵的能力。我们越能面对自己的冲突并找出解决办法，就能获得越多的内心自由感和内心力量。只有愿意承受冲突的打击，我们才最有可能成为命运之舟的主宰。根植于麻木之中的虚假平静根本不值得我们羡慕。它注定会让我们更加脆弱，更加不堪一击。

当冲突涉及的是生活中的基本问题时，我们会更加难以面对和化解冲突。但是，只要我们活着，在原则上就能够正视和化解冲突。教育可以在很大程度上帮助我们拥有更清楚的自我意识，并形成自己的信念。当我们对抉择过程中所涉及的各种因素的重要性充分认识之后，就能看到奋斗的目标，找到生活的方向。①

当一个人患有神经症时，认识和化解冲突的困难会无限增加。我必须说，神经症只是程度的问题——当我提到“神经症患者”时，我指的都是“达到神经症程度”的人。对他来说，对情感和欲望的意识程度非常低。很多时候，唯一能够意识到的明确的情感是恐惧和愤怒，这往往还是别人击中他的弱点的时候他做出的反应。即使是这些情感，也可能被压抑。这样的患者确实存在，他们受强制性标准的影响如此之深，以至于连自己决定方向的能力都失去了。在这些强迫性倾向的控制下，个体甚至连放弃的能力都失去了，也几乎没有了承担责任的能力。②

神经症冲突可能涉及的问题，也可以是困扰正常人的普遍性问题，但是它们在种类上是迥然不同的。于是就有人会质疑用同

① 对于仅仅被环境因素压抑的普通人，哈利·爱莫森·福斯迪克的《做一个真实的人》（*On Being a Real Person*）一书会很有帮助。

② 参见第十章“人格衰竭”。

一个术语表示不同类型的东西是否恰当。我认为可以，但是我们必须清楚它们的区别。那么，神经症冲突到底有哪些特征呢？

我们可以用下面这个简单的例子来加以说明：一个与他人合作研究机械设备的工程师常常感到疲惫和易怒。其中一个诱发事件是这样的，在一次讨论某个技术问题时，他的观点没像其他同事那样被认可。不久之后，在他不在场的情况下，大家做出了决定，后来也没有给他提建议的机会。在这种情境下，他原本可以因为觉得做决定的过程有失公允而大打出手，或者很有风度地接受多数人的决策。任何一种反应都不矛盾，但他两种反应都没有。尽管深感被轻视，但他没有大打出手。他在意识中仅仅觉得自己被激怒了。想杀人的愤怒只会出现在梦中。这种被压抑的愤怒——混合着对他人和对自己温顺表现的暴怒——是他感到疲惫的主要原因。

他之所以不能做出相应的反应有很多决定因素。他给自己建造了一个“了不起”的宏伟形象，而这种“了不起”得通过得到他人的敬重来实现，不过他没有意识到；他一直认为：在他的工作领域没有人像他一样有才华，能跟他相提并论。哪怕受到一点轻视都会伤害到这种想法，激起他的愤怒情绪。此外，他在潜意识中有施虐的冲动，想斥责和羞辱他人——他对自己的这种态度也很反感，于是会通过过分友好将其掩盖。他在潜意识中还有想利用他人的欲望，于是势必会在他人面前保持谦恭的态度。另外，对获得他人认可和喜爱的强迫性需要，再加上他的顺从、讨好、避免争斗的态度，更加剧了他对他人的依赖，于是，冲突便会产生。如此一来，一方面是破坏性的攻击行为——反应性愤怒和虐待狂冲动，另一方面是对获得他人认可和喜爱的需要，同时还希望事情对自己来说公平合理，在这两者之间就有了冲突。其结果就是潜意识中的内心动荡，表现出来就是在进行所有活动时都会有疲惫感。

在思考冲突的各种因素时，第一，我们想到的是它们的完全不相容性——没有比傲娇地想得到别人敬重，反过来又对别人讨好服从更加极端的例子了。第二，冲突全都是无意识的。其中的对立倾向没有被意识到，而是被压抑了。内心爆发的斗争中只有细小的泡沫到达了表面。情感性因素被合理化：这是一种不公；这是一种轻视；我的点子更好。第三，冲突的两个对立方向都是强迫性的。即使他心里感知到了自己的过分需要，或者是自己的依赖性和依赖性本质，也不能主动改变这些因素。若想改变它们，需要进行大量的分析性工作。无论在哪个方向，驱使他的都是他不能控制的强大力量：他无法摒弃来自强烈内心欲求中的任何一种需要。但是无论哪一种需要都不是自己真正需要或追求的。他不想利用他人，也不想唯命是从；他实际上厌恶这些倾向。可见，上述例子具有深远的意义，有助于我们更好地了解神经症冲突——它意味着任何一种决策都行不通。

另一个例子也是类似的情况。一个自由设计师从好朋友那里偷了点儿钱。这种偷盗行为难以被他人理解：他需要钱，他的朋友肯定会借给他，而且乐意借给他。但他竟然会偷窃，这非常令人吃惊，因为他是一个很看重友情的体面人。

其内部的冲突是这样的。这个人对获得他人喜爱有着明显的神经症性需要，特别是在所有的现实事件中都希望被他人照顾。这里面潜意识地融入了想利用他人的原动力，所以他就采取了既想得到他人的情感，又想让自己处于支配地位的行动。这些倾向本身原本可以使他渴望并且愿意得到帮助和支持。但是他在潜意识中还滋长了一股强烈的傲气，以及脆弱的自尊心。在他看来，别人在为他服务时应当感到荣幸，而求助于别人会让他感到丢人。他厌恶请求他人，这一点又被对独立和自给自足的强烈渴望所强化，这使他不能容忍自己有所需求，也无法使自己亏欠他人。因此他只能索取，而无法接受。

第二个例子与第一个例子的冲突内容不同，但其基本特征相同。其他任何神经症冲突的例子都与之相似，有着冲突性原动力的矛盾，有着潜意识的和强迫性的本质，所以，患者无法自己解决冲突。

如果要把正常人的冲突和神经症冲突加以区分的话，他们两者根本的区别是，正常人和神经症患者相比，冲突的两种倾向之间的差别没那么悬殊。前者要做的是在两种不同的行为模式中做出选择，无论哪种行为在一个相对完整的人格框架中都是可行的。形象地说，正常人的冲突的两种倾向之间只有90度或者更小的夹角，而神经症冲突的两种倾向之间则可能是180度的夹角。

另外，两者在认知程度上也有差别。正如克尔凯郭尔指出的："现实生活太过多样，不能简单地把这种抽象的对比当作一个完全无意识的和一个完全有意识的绝望事件之间的对比。"① 但是，我们可以这样说：正常人的冲突是完全有意识的；神经症患者的冲突通常都是无意识的。尽管正常人可能没有意识到自己的冲突，但是在相对较少的帮助下，他们可以意识到冲突，而那些导致神经症冲突的基本倾向被压抑到了内心深处，需要战胜强大的阻力才能被挖掘。

---

① 引自《致死的疾病》，普林斯顿大学出版社，1941年。

正常的冲突涉及的是正常人在两种可能之间的现实选择——两种选择他都想要，或者是在两种都被尊崇的信念之间的选择。即使可能需要他放弃某一种选择且这是很难做到的，最终他还是可以做出可行的选择。深陷神经症冲突的神经症患者却不能自由地选择。他在两个方向上都受到同样大的强迫力量的驱使，两个方向他都不想追随。如此一来，他便不能做出通常意义下的选择。他停滞不前，没有出路。只有处理好神经症倾向，并因此改变与他人和自我的关系，将所有神经症倾向全部摒除，才能化解冲突。

以上这些特征解释了神经症冲突为何强度如此之大。这些冲突不但难以识别，容易让人无助，而且还有令人心生恐惧的破坏力。只有我们了解并记住这些特征，才能理解神经症患者不顾一切地试图为解决冲突做出的努力，而这些努力正是神经症的主要组成部分。

第二章　基本冲突

冲突在神经症中所起的作用比我们想象的要大得多。但将冲突找出来却不是一件易事——一部分是因为它们本质上都是潜意识的，更是因为神经症患者会竭力否认它们的存在。那么都有哪些信号让我们怀疑可能有潜在冲突呢？在前一章提到的例子中，冲突的存在有两个很明显的提示因素。一个是产生的症状——第一个例子中是疲惫，第二个例子中是偷窃。事实上，每种神经症症状都指向一种潜在冲突；就是说，每种症状或多或少都是一种冲突直接的外在表现。我们慢慢地就会看到未化解的冲突对人们的影响，它们会引起焦虑、抑郁、优柔寡断、懒惰、冷漠等状态。对这里的因果关系的理解能帮助我们把注意力从外在表现的骚乱转移到其源头上——尽管我们还不能揭示源头的确切本质。

另一个提示因素是自相矛盾。在第一个例子中，我们清楚地看到他确信那件事情别人做得不对，自己受到了不公的对待，但却没有抗议。在第二个例子中，那个人非常看重友情，却偷了朋友的钱。有的时候，患者自己会意识到这种自相矛盾；更多的时候，即使对一个毫无经验的观察者来说已经很明显了，患者还是意识不到自相矛盾的存在。

自相矛盾一定是个体存在冲突的提示信息，就像体温升高表明人生病了一样。在这里，我举一些常见的自相矛盾的例子：一个非常想结婚的女孩却不去接近任何异性；一个非常挂念自己子女的母亲却总会忘记他们的生日；一个对他人总是很慷慨的人却对自己非常吝啬；一个向往孤独的人却从来都难以忍受独处；一个对多数人都很宽容忍让的人对自己却异常严格和苛求。

自相矛盾与症状不同，它常常有助于我们对潜在冲突的本质做出假设。比如，深度的抑郁说明一个人陷入了进退两难的困境。但是如果一个看上去很疼爱子女的母亲忘记了他们的生日，我们可能倾向于认为这个母亲更多的是为了自己完美母亲的形象而努力，而不是真正地爱孩子。我们也可以认为她的理想母亲形象可能与她潜意识中的令孩子伤心的虐待狂倾向之间发生了冲突。

有时，冲突可能会浮出表面——也就是被意识到了。这看起来似乎与我声称的“神经症冲突是潜意识的”这个观点相矛盾。但是显露出来的实际上只是变形和修饰之后的冲突，而不是真正的冲突。这样一来，尽管他可以选择逃避内心的冲突，但是除非他的逃避技术很好，否则一旦必须做出重大的决策时，他还是可能陷入一种有意识的冲突而无法自拔。这时，他便不能决定是要娶这个女人，还是娶那个女人，甚至是到底要不要结婚；是要做这份工作还是那份工作；是要维系还是放弃一段伙伴关系。然后他会经历极大的痛苦，在对立的两者之间摇摆不定，完全不能做出任何决定。他或许会在悲痛中咨询分析师，期望他能澄清这一切涉及的特定问题。他一定会失望，因为当前的冲突只不过是内心冲突这枚炸弹的最终爆炸点。令他难过痛苦的那个问题此时只有经过漫长而又曲折的道路，找出隐藏在背后的冲突，才能得到最终解决。

其他时候，内心冲突可能会外化，出现在个体的意识中，表现为自我与环境之间的矛盾。或者是，个体发现那些没来由的恐惧和压抑会干扰自己的希望，于是意识到自己内心的冲突也许有着更深层次的原因。

我们对一个人了解得越多，就越能够找出那些导致其症状、自相矛盾和表面冲突的冲突性内容——并且，我们还得说，情况就会越来越混乱，因为矛盾的数量和种类都增加了。因此，我们就要问：在所有这些特定冲突的背后是否隐藏着一种基本冲突，并且它就是一切冲突的根源？我们是否可以用看待一段不和谐婚姻的方法来描述冲突的结构？例如，对于无穷无尽的明显无关的问题的争论，以及关于朋友、孩子、家庭收入、吃饭时间、仆人的争吵，这些都指向婚姻关系本质上的某种不和谐状态。

确信人格中有基本冲突的观点自古有之，在很多宗教和哲学中都起到了重要作用。光明与黑暗、上帝与恶魔、善与恶都是这一观点的表现。在现代心理学中，弗洛伊德对待这一问题也像对其他问题一样，做了很多先驱性的工作。他最先假设，基本冲突是我们盲目想得到满足的本能性原动力与家庭和社会所形成的险恶环境之间的冲突。在个体很小的时候，险恶的环境便内化于个体的人格之中，从此便以可怕的超我出现。

考虑到其严肃性，在这里不适合讨论这个观点，因为需要重述以前提到的有关力比多理论的所有争论，所以我们不如努力去理解这个观点本身的含义，而摒弃弗洛伊德的理论前提。那么，现在只剩下这个论点，原始的自我性驱力与良知之间的对抗是我们各种各样的冲突的根源。后面大家会看到，我也认为这种对抗——或者是我觉得与这种对抗相差不多的东西——是神经症结构中的重要部分，但是我对它的基本性质却有不同的看法。我所争论的其实是它的本质。我认为它虽然是一种主要冲突，但却是继发的，发自于神经症发展过程中的各种需求。

我之所以会持有不同的看法后文会详细论述，在此，只说一点，那就是：我不相信欲望与恐惧之间的冲突会达到使神经症患者内心分裂，一生尽毁的悲惨程度。弗洛伊德所假定的精神状态说的是神经症患者仍然有全心全意奋斗的能力，他们只不过是在奋斗过程中受到恐惧的阻碍，因此而沮丧。在我看来，冲突的来源围绕着的是神经症患者失去了全心全意追求愿望的能力，因为他的愿望是分裂的，也就是说，他所有的愿望都去往相反的方向。由此造成的状况比弗洛伊德所描绘的更加严重。

虽然说相对弗洛伊德的观点，在我看来，基本冲突有更大的破坏性，但对最终解决办法的可能性我却更加乐观。按照弗洛伊德的观点，基本冲突是普遍存在的，本质上是解决不了的：我们所能做的只有找到稍微好点的妥协方式或者更好地将其控制。在我看来，神经症基本冲突开始时就不应出现，就算真的出现了也可以化解——只要患者愿意为之付出巨大的努力，克服其中的困难。我们的差别不是乐观与悲观的差别，而是我们从不同的前提出发得到了不同的结果。

弗洛伊德后来给出的关于基本冲突的解释在哲学上是相当有吸引力的。但是，暂且撇开他思想中的各种暗示，他关于“生”本能与“死”本能的理论归结起来就是在人的建设性力量与破坏性力量之间的冲突。弗洛伊德自己不关注这一概念对冲突的影响，他关注的是这两种力量的融合方式。比如，他可以把受虐狂与虐待狂的原动力看作是性本能与破坏本能之间的融合。

若想把这个概念应用于冲突的研究，需要引入道德价值观。但这是弗洛伊德的科学领域所不允许的。按照他的观点，他努力建立的是不包括道德价值观在内的心理学。我认为，弗洛伊德的这种想努力发展成一门自然科学领域的“科学”的想法强有力地解释了他的理论和建立在它基础之上的治疗方法之所以这么局限、这么狭隘的原因。更确切地说，这使得他不能理解冲突在神经症中所起的作用，哪怕他在该领域进行了大量的研究工作。

荣格也非常强调对立倾向对人的影响。他对矛盾对个体的影响印象如此深刻，以至于他认为一种矛盾成分的存在一定意味着存在它的对立面。表面上的女子气暗示着内心的男子气；表面的外向隐藏着内向；表面上以思维和推理占主导，内心却是情感占主导；等等。说到这里，荣格看似把冲突看作神经症的重要特征了。但是，他接着还说，这些对立面并不是冲突的，而是互补的——个体的目标是全盘接受，使整体性的理想状态最大化。在他看来，神经症患者是那些过于注重某一方面的发展而陷于困境的人。荣格在互补定律中形成了这些概念。现在我也意识到，对立倾向中包含着完整人格的各种互补成分，无论哪一种都不能被摒除。但是，在我看来，这些都是神经症冲突的自然结果，它们的存在代表着患者在尝试解决冲突。比如，一个人内向，沉默寡言，只关注自己的感情和思想，而不关注别人。如果我们把他的表现视作一种真正的倾向，即由机体素质所决定并通过经历得到了强化——那么荣格的推论就是正确的。此时，有效的治疗措施便是向个体展示他隐藏的“外向”倾向，指出偏向任何一方面发展的危险性，并鼓励他接受并且活出两种倾向。但是，如果我们把患者的这种内向（我更喜欢把它称为神经症性超脱）当作一种对产生于与他人交往过程中的冲突的逃避方式，我们的任务便不再是鼓励他变得外向些，而是要去分析内向表现之下的潜在冲突。只有化解这些冲突，才能实现让他全心地投入生活这一目标。

接着要说的是我的立场，我把神经症患者的基本冲突放在他对待别人的根本矛盾的态度中来看。在详细介绍之前，我先来讲讲杰基尔医生和海德先生的故事。在这个故事中，正有这样一种生动的对待他人的矛盾。我们看到，一方面，海德先生敏感、脆弱、有同情心、乐于助人；另一方面，他又残忍、无情、以自我为中心。我并不是要说神经症分裂总是有着与这个故事绝对一样的发展路线，我只是想比较生动地描绘出对待他人态度的基本矛盾性。

要想从遗传方面分析这个问题，我们需要重新回到我所说的基本焦虑的概念[①]上来，指的是儿童在一个充满敌意的世界中的孤独和无助。环境中有很多负面因素会引起儿童的不安：直接或间接的严苛管教、对儿童的忽视、古怪的行为、不尊重儿童的个体需要、缺乏真正的指引、对儿童的轻视、称赞太多或太少、缺乏温情、父母的争吵迫使儿童必须反对某一方、让儿童承担过多的责任或者一点责任都不承担、过度保护、被其他儿童孤立、受

① 卡伦·霍妮，《我们时代的神经症人格》，诺顿图书公司，1937年。

到不公对待、对儿童的歧视、不信守承诺、充满敌意的气氛等。

我在本书中想要大家特别关注的是儿童会感觉到环境中潜在的虚伪：他感到父母的爱，基督教的博爱、诚实、慷慨等可能只是伪装。在儿童感觉到的虚伪中，有一部分确实是真的；其余的可能只是他对自己感受到的父母矛盾行为的反应。然而，通常情况下，这是由很多环环相扣的因素共同引起的。这些因素或许显而易见，或许难以发现，因此，在分析时，我们只能逐步地认识它们对儿童发展造成的影响。

厌倦了这些烦琐状态的儿童摸索着继续生活的方式和应对这个人心险恶的世界的方式。尽管内心会脆弱、会害怕，但他还是不知不觉地形成了一套自己的面对来自周遭环境的各种力量的策略。用这种方式，他不但建立起了一个临时性策略，还形成了持久的性格倾向，这些倾向成为他人格的一部分。我把它们叫作“神经症倾向”。

如果想找出冲突是如何形成的，我们不能过分关注个体的发展倾向，而是要看整体情况，也就是儿童在这种环境中能够选择以及实际上选择的主要方向。尽管在一段时间内我们不能看到细节，但我们会更加明确地掌握他们应对环境的基本方式。开始时我们掌握的情况可能比较杂乱，但之后我们能从中找出三条主线：儿童可以接近人，对抗人，或者回避人。

在接近人时，他接受自己的无助感，尽管内心有隔阂与恐惧感，他还是会努力获得他人的喜爱，依赖他人。只有这样，他才会在与他人相处时有安全感。如果家庭成员分了派系，他会依附于最强的那个人或者那一派。通过这种依附，他可以获得归属感和支持感，这会使他感到自己没那么弱小，没那么孤立。

在对抗人时，他接受了周围的敌对感，并认为这是理所当然的，于是有意识或者无意识地决定去战斗。他无疑会怀疑别人对自己的情感和意图。他用所有能用的方式去反抗。他想当最强者，击败别人，这一部分是出于自我保护，一部分是出于报复。

在回避人时，他既不想依附，也不想争斗，而是想远离。他觉得自己跟别人没什么共同点，别人无论如何都无法理解自己。他与自然、玩具、书籍、梦想建立起了一个属于自己的世界。

这三种态度中的每一种都强调了基本焦虑中的某个成分：第一种是无助感，第二种是敌对感，第三种是孤独感。但实际上，这个儿童不能全心投入到其中任何一种应对方式中去，因为在他形成这种态度的环境中，所有成分都必然存在。我们从整体情况中看到的只不过是他的主要应对方式。

如果我们跳到前面去分析那些已经完全发展成神经症的人，

上述推论就十分明显了。我们都认识一些前面所描绘的某种态度十分突出的成年人。但是我们也看到，他的其他倾向并没有停止作用。我们在一个依赖和顺从性倾向占主导的人身上也能看到攻击性倾向和对独处的需要。一个敌对性倾向占主导的人也会有顺从的时候，也会有独处的需要。超脱的人也并不是没有敌意，也会想被别人喜爱。

但是主导态度是对个体实际行为决定性最强的那个。它代表着个体在与他人交往时感到最自在的方式和方法。因此，喜欢独处的人自然会潜意识地用尽所有办法保持与他人的安全距离，这是因为他在所有需要近距离接触的情况中都会感到不知所措。此外，主导态度常常但也并非总是个体有意识的头脑最能接受的那个。

这并不表示那些次要的态度不强大。例如，对于一个明显依赖顺从型的个体，我们很难说他的控制欲到底是不是比对爱的需要强度弱；他只是表达攻击性冲动的时候没那么直接。隐藏倾向的力量也可以很强，这一点有很多例子可以证实，里面的主导态度被反转了。我们在儿童身上能看到这种反转，但它在成人世界中也会发生。在毛姆的小说《月亮和六便士》中斯特里克兰德这个人物就是一个很好的例证。女性的个人成长史通常会揭示这种变化。一个女孩之前可能非常顽皮、有野心、叛逆，但当她爱上一个人之后，会变成一个依赖顺从的女人，显然没有了野心。或者是，在悲惨经历的压力下，一个喜欢孤独的人会变得病态地依赖别人。

我还得说，像这样的一些变化为下面这些我们常常思考的问题提供了线索：日后的经历是否重要？我们的生活是否确定被童年经历彻底地引导与调节着？站在冲突的角度思考神经症的发展过程能够使我们得出比平时更加确切的答案。有以下可能：如果童年经历对自然成长的抑制不那么强，日后的，尤其是青少年时期的经历会对个体有一定的塑造作用。但是，如果童年经历的影响十分强大，以至于把儿童塑造成了一个很难改变的样子，那么将不会再有新的经历能打破他的行事模式。一方面是因为他的顽固形象没有给他接受新经历的机会：比如，他非常喜欢独处，以至于不允许有人靠近他，或者是他的依赖性是如此根深蒂固，以至于他不得不处于附属地位，等待被别人利用。另一方面是因为他会把所有新经历用他已有的形象的语言来解释：比如，当攻击性的个体面对别人的友好时，要么会把它当作愚蠢的表现，要么会觉得别人想利用他；新经历只可能会强化他原有的形象。当神经症患者采取了别的态度时，这看起来像是后来的经历使他的人格发生了改变。但是，这种改变并不是根本性的变化。实际上是内源性与外源性压力一起使他不得不放弃他的主导态度，反而采取相反的态度——但是，如果起初就没有冲突，那么也就不会发生这种改变了。

在普通人看来，这三种态度不应当相互独立。一个人应当既能对别人做出让步，也能和别人针锋相对，还能独处。三种态度可以相互补充，成为一个和谐的整体。如果其中哪个占了大头，那只能说明这个人在某个方面发展过度了。

但是对于神经症患者来说，这些态度之所以不可调和有以下几点原因。神经症患者不能变通；他被驱使着去顺从，去争斗，去孤独，而不管自己的行为在特定的环境下是否合适，而且一旦他不这样做就会陷入恐慌。因此，当三种态度都在他身上强烈地表现出来时，他势必会经历严重的内心冲突。

另一方面，这些态度不仅限于人际关系的领域，还浸润到了整个人格中，就像恶性肿瘤浸润到整个有机组织中一样，这大大延伸了冲突的范围。它们不仅影响个体与他人的关系，也影响与自我、与整个生活的关系。如果我们没有完全认识到这种支配一切的特点，就容易把冲突导致的结果看作绝对矛盾，像爱与恨、顺从与挑衅、恭谨与专制等。这就像区分民主主义与法西斯主义一样，只关注某个单一的对立特征，比如它们在宗教或者权力方面的不同，便以为区分成功了。它们当然是不同的，但是单独拿出一点来强调就不会看到民主主义与法西斯主义是两个世界，代表着两种完全不相容的生活哲学。

由我们与他人的交往所引起的冲突肯定会影响整个人格。人际关系如此重要，肯定会影响我们发展出的品质、我们为自己设定的目标、我们信仰的价值观。它们又反过来影响我们与他人的人际关系，因此二者是密不可分的。①

我的观点：由矛盾态度所引发的冲突是神经症的核心，因此可以说是基本冲突。我还得说，我用核心这个词，不仅是象征性地说它十分重要，而是要强调它是神经症起源的动态中心。这个观点是一个有关神经症的新理论的核心，它对后面观点的影响会越来越明显。概括来说，这个理论可以看作我对神经症的早期概念的详细阐述，即神经症是人际关系紊乱的表现。②

---

① 因为个体与他人的人际关系和个体对自我的态度这两者之间是不可分割的，而在精神病学刊物中有时会有观点认为其中之一是理论和实践中的首要因素，那么，这种观点显然站不住脚。

② 这个概念在《我们时代的神经症人格》中首次提出，又在《精神分析新法》和《自我分析》中详细阐述过。

第三章　接近人

仅仅描述基本冲突在几个人身上的表现就想将其表达清楚，这是不可能的。由于基本冲突有着强大的破坏力，神经症患者在它的周围建起了一个保护罩，不光将其隐藏，还将其深嵌其中，根本不能完全剥离。其结果就是个体的外在表现更多的是各种各样试图解决冲突的行为而不是冲突本身。因此，简单描述个人的表现是不能完全展现出基本冲突的所有内涵的；这种描述会显得太过于关注细枝末节，而无法使问题一目了然。

此外，我在前面章节中所做的概述还需要我们进一步充实。为了理解基本冲突的所有内容，我们首先需要研究清楚其中的每一种矛盾成分。如果我们去观察某些个体，会发现在他们身上，某一种矛盾成分占主导地位，并且代表着他所更加认可的自我。为了方便起见，我把这些类型称为顺从型人格、攻击型人格、超脱型人格。①在每个类型的案例中，我们都应当关注个体更加认可的态度，尽可能省略掉其中隐藏的冲突。在每一种类型中，我们都会发现，个体对待他人的基本态度都产生了，至少是促进了某些特定的需求、品质、敏感、压抑、焦虑，以及最重要的一点，就是一套特定的价值观。

这种做法可能有某些缺陷，但是也有绝对的优势。首先，我们在那些表现很明显的个体身上观察他们的一系列态度、反应、信念等的功能与结构，这样，对于那些模糊混乱的个体，我们才能更容易认识他们。其次，对那些较纯粹的个体的观察可以更加衬托出三种态度本质上的不相容性。再回到我们前文中提到的民

① 这里使用“类型”这个词仅仅是为了简化对有着独特特征的个体的描述。我绝不是要在这一章和后面两章中形成一种新的类型学。我们的确希望建立起一种类型学，但是这需要有更广泛的理论基础。

主主义与法西斯主义的对比：如果我们想指出民主主义与法西斯主义思想之间的根本区别，我们首先不能描述那种既信仰民主制度，又隐隐羡慕法西斯行为倾向的个体。我们还是得先在相关的著作和实践中对法西斯主义有个大概的了解，然后再把它与最有代表性的民主主义生活方式进行对比。这可以使我们清楚两种主义之间的差异，帮助我们理解那些试图在两者之间妥协的个体或群体。

第一组为顺从型，体现出的所有特征都符合“接近人”的特质。他表现出对爱与认可的强烈需要以及对“伙伴”——朋友、恋人、丈夫或妻子的格外需要。“这些人是用来实现生活中的所有期望，承担善与恶的责任的人，他们的主要任务是成功操控这些人为自己服务。”[①]这些需要的特征与所有神经症的倾向一样；也就是说，它们是强迫性的、不加选择的，一旦没得到满足就会引起焦虑或抑郁。它们没考虑到我们所讨论的“其他人”本身的价值，以及个体对这些人的真实感受。无论这些需求表现出来有多么大的差别，它们都围绕着对人类亲密感、归属感的追求。由于这种需要的不加选择性，顺从型的人总爱强调自己与

① 引自拙著《自我分析》，诺顿图书公司，1942年。

他人趣味相投、气质相似，而不愿理会那些与他人不同的地方。这样的话，他对别人的误会并不是因为忽视、愚蠢、被蒙蔽了双眼，而是由他自身的强迫性需要所决定的。就像在某个病人的画作中显示的那样，她的感受就像是个被陌生和危险的动物包围起来的婴儿。她站在画面的正中，小小的，很无助，在她的周围，有一只随时会叮她的蜜蜂、一条可能会咬她的狗、一只可能会扑向她的猫、一头可能会用角顶她的牛。那么很显然，其他事物的真正本质对她来说并不重要，除了那些可能有攻击性的东西，因为她越是害怕它们，它们的“爱”就显得越重要。总而言之，这种类型的人内心想被喜欢、被追求、被渴望、被爱恋；需要被认可、被欢迎、被赞许、被欣赏；想被需要，希望自己对他人，尤其是某个特定的人来说很重要；想被帮助、被保护、被照顾、被指引。

在分析治疗的过程中，当我们向患者指出这些需要的强迫性特点时，他很可能会坚持说这些渴望都是“自然的”。而且，毫无疑问，这个时候他的立场是自我保护。对于那些完全被虐待狂倾向包围的人来说（后面会讨论），他们对爱的追求完全被抑制，无法起作用，除了他们，我们可以认为每个人都希望被喜爱、被帮助、有归属感，等等。这个患者错就错在声称他对爱和赞许的疯狂追求是真心的，而事实上，其中真心的部分也被他对安全感的强烈驱使深深地掩盖了。

对这种驱使的需要是如此无法抗拒，以至于他所有的行为都是为了满足这种需要。在此过程中，他形成了塑造其性格的某些品质和态度。其中一部分可以说是讨喜的：他变得对别人的需要非常敏感——在他情感上所能理解的框架内。比如说，虽然他可能注意不到某个超脱型个体想独处的愿望，但却会对另一个人想被同情、被帮助、被赞许等感受非常警觉。他会主动去实现别人的期望，或者说是他所认为的别人的期望，结果往往忽视了自己的感受。他变得非常“无私”、自我奉献、无欲无求——除了对爱的无限追求。他变得很顺从、过于体贴——在自己的能力范围内过于感激、过于感恩、过于慷慨。他忽视了一点，他在心里其实并不怎么关心别人，总觉得他们虚伪、自私。但是，如果我用意识层面的词汇描述这些潜意识层面的事情，他是在说服自己喜欢每个人，说服自己他们都是“好人”而且值得信任，这种错误不仅会引起令人心碎的失望，还会增加他的不安。

这些品质并不像个体感受到的那么金贵，主要是因为他没有考虑自己的感受与判断，而是盲目地给予——同时又想得到相同的回报，一旦没有获得回报，他的内心就会被深深地扰乱。

与之相伴并与之重叠的还有另外一些特质，目的是避免红脸、争吵和竞争。他会放低身段、走在后面，把镁光灯留给他人；他会变得讨好别人、妥协，并且至少在意识层面没有一点嫉妒心。所有报复心和争胜心都被压抑到了内心深处，他也会经常思考自己怎么这么容易和解，怎么从来不记仇。在这种情况中很重要的一点是，他总会主动承担责骂。他于是忽视了自己的真实感受——也就是自己是否真的有罪恶感，在面对明显没来由的批评或者可能会有的攻击时，他会责怪自己而不是别人，总是会审问自己或者深感歉疚。

从这些态度到绝对压抑的转变过程是十分微妙的。因为任何的攻击性行为都是禁忌，所以我们便发现了压抑：他没有主见，对人从不批评指正；他从不发号施令，总是把自己藏在人群之后；更不敢有什么梦想和野心。同时，因为他的生活都是为了别人，他的压抑使他无法按照自己的意愿做事、享受生活。这可能会达到比较严重的程度，如果没有与某个人共享某物——哪怕是一顿饭、一场电影、一首歌、一处自然风光——一切就会变得毫无意义。不用说，这种对生活乐趣如此严格的限制不但使生活无趣，还会使他更加依赖别人。

此类神经症患者除了把上述那些品质理想化之外，这种类型的个体对自己还有某些特殊的态度。第一个特征是无处不在的脆弱感和无助感——一种“弱小的我”的感觉。在独处时，他会很茫然，就像一艘找不到港湾的小船，或者像是没了教母的灰姑娘。这种无助感有一些是真实的；当然，那种认为在任何情况下都不能抗争和竞争的想法的确会增强现实中的无助感。此外，他还对自己和别人坦诚自己的无助感。这也会在梦境中得到戏剧化的强调。他常常把这种无助感当作是一种吸引他人来保护自己的手段：“你必须爱我，保护我，对我宽容，不能抛弃我，因为我是如此脆弱与无助。”

此类患者的神经症倾向中的第二个特征是总是看低自己。他总觉得每个人都比自己强，他们比自己更有魅力、更聪明、受教育程度更高，比自己更有价值。他缺乏信心和坚定的意志，这的确会削弱他的能力，从这一点来讲，他的这种感觉也是有现实依据的；但是即使在他有能力的方面，他的自卑感也会使他称赞别人比自己能力强，看不到自己的优点。在面对具有攻击性或者盲目自大的个体时，他的价值感会更加降低。然而，即使是独处，他也倾向于不仅贬低自己的品质、才华、能力，还会贬低自己的物质财富。

第三个典型特征是对他人的普遍性依赖。这是他的一种潜意识倾向，总会用别人的看法评价自己。他的自尊心会随着别人的认可与否、喜爱与否而上升或者下降。因此，任何的拒绝对他来说都是灾难性的。如果有人没能回应他的邀请，他表面上可能很善解人意，但在他真正的内心世界中，他自尊心的刻度已降至为零。换句话说，任何批评、拒绝或抛弃对他来说都是非常恐怖的危险，他可能会采取最卑劣的手段去赢回对他造成这种威胁的人的尊重。他的这种被打了左脸又亮出右脸的行为并不是由某种神秘的“受虐狂”倾向引起的，这只是按照他内心发出的指令做他能做到的唯一有逻辑的事情。

所有这些都促成了他独特的价值观。按他的总体成熟性，这些价值观实际上或多或少是比较明了与根深蒂固的。它们所指向的是善良、同情心、爱心、慷慨、无私、谦虚；厌恶的是狂妄自大、野心勃勃、铁石心肠、不择手段、挟势弄权——但是，这些特质同时可能会被暗暗地欣赏，因为它们代表着“力量”。

那么，这些就是神经症的“接近人”所包含的因素。我们不能用顺从性或依赖性这样的任何一个词去描述这些因素，因为它们包含着一整套思维、情感和行为的方式，就是说，隐含着一种生活方式。

我曾说过不会去讨论自相矛盾的因素。但是只有明白了为强化主导倾向，对立倾向被压抑到何种程度，我们才能知道对那些态度与信念的遵守有多么严格。所以我们需要快速看一下事情的对立面。在分析顺从型的个体时，我们发现有很多攻击性倾向被压抑了。与明显的过分关心相反，我们还看到了对他人的毫不关心、蔑视、潜意识中的寄生或利用倾向、喜欢控制和操纵他人、对优秀或是对享受报复性胜利快感的不断需要。被压抑的原动力在类型与强度上各不相同。它们有的源于童年的不幸经历。例如，个人史常常显示，个体在五到八岁时容易发怒，后来会消失，代之为一种总体上的温顺。但是攻击性倾向也会被后来的经历强化，因为敌意感持续不断地从各种渠道产生。如果我们在这里把它们全部都详细研究一下的话就走得太偏了；我只想说，谦逊与“善良”被践踏和利用了；另外，对他人的依赖使个体更加脆弱，当他需要的爱与赞许没有出现时，这反过来会带给他一种被忽视、被拒绝、被羞辱的感受。

当我说这些情感、原动力、态度被“压抑”时，我是根据弗洛伊德对该术语的理解来运用它的，指的是个体不仅不能意识到这些压抑，还强烈地渴望永远不要意识到它们。他天天都如履薄冰，生怕让他自己或者别人发现任何蛛丝马迹。如此一来，每一种压抑都使我们必须面对一个问题：个体在压抑内心某些力量时有着怎样的目的？我们在顺从型个体身上找出了几种答案。其中大部分答案只能在讨论过理想化形象与虐待狂倾向时才能明白。不过，此时我们已经清楚的是，敌意能损害患者去爱别人和渴望被人爱的需求。此外，所有的攻击性行为或者好强行为在他看来都有可能是自私行为。他自己会谴责这类行为，因此觉得别人也会谴责这类行为。他不能冒这种被谴责的风险，因为他对自己的评价完全依赖于别人的赞许。

对全部的自负、报复、野心等情感和冲动的压抑还有另外一种功能。它是神经症患者去除内心冲突，建立与之相反的统一性、同一性及完整性的一种方式。建立自我的统一性并不是一种神秘的愿望，而是完成生命功能的现实需要，如果个体持续受到两种不同方向的驱动就不可能完成正常的生命功能，也意味着对四分五裂的极大恐惧。通过掩盖其他矛盾成分来将某种倾向放到主导地位的方法是一种在潜意识中试图整合人格的方式。它成为解决神经症冲突的主要方式。

于是，我们发现患者严厉压制自己的所有攻击性倾向，目的在于：个体的所有生活方式都不能受到威胁，他虚假的统一性同样不能土崩瓦解。内心倾向越有破坏性与攻击性，就越有必要将其去除。患者会退守后方，看起来不想为自己争取任何东西，不想拒绝别人的要求，喜欢每个人，总是充当背景板，等等。换言之，顺从性、讨好性倾向得到强化，个体的强迫性就会更强，更加没有判断力。①

实际上，潜意识中的所有努力都不能阻止被压抑的冲突起作用或者表现出来。但它们会融入整体中起作用。个体会“因为自己这么惨”而提要求，或者会在“爱”的外衣下秘密地起支配作用。被压抑的敌意感累积起来也可能在较小或较大强度的爆发中表现出来，或是偶尔的易怒，或是大发雷霆。这种爆发虽没能融入温柔的画面，但对个体自身来说是完全合理的。并且按照他的内心，他是相当正确的。他不知道自己对他人的要求是过分与自私的，因此有时候就会觉得自己受到了不公的对待，再也无法忍受。最终，如果被压抑的敌意感发展成盲目的狂怒，就可能引起各种各样的功能紊乱，比如头疼或胃部不适。

如此说来，顺从型个体的多数属性都有着双重动机。例如，当他贬低自己时，是为了避免摩擦，然后可以与他人和谐相处；但这也可以是压抑自我的一种手段。当他让别人利用自己时，这是一种“温驯”与“善良”的表现，但也可以是他自己想利用别

① 参见第十二章“虐待狂倾向”。

人的一种逆向表现。若想克服神经症顺从，冲突的两个方面都要解决，并且解决顺序也要正确。我们有时从保守性精神分析刊物中看到，“解放攻击性心理”是精神分析疗法的关键。这种方法没能理解神经症结构的复杂性，尤其是它的多样性。而且这种方法只对所讨论的某一特殊类型有效，但即使在这种特殊类型中，其有效性也是很有限的。对攻击性原动力的发掘就是将其解放，但如果“解放”被看作是它自身的消失，那么这很容易对个体的发展造成伤害。若想最终整合人格，我们必须搞定冲突。

我们还需要来看下爱与性在顺从型个体身上所起的作用。爱常常被他看作唯一值得追求、值得为之付出的目标。没有爱的生活是单调的、没有意义的、空虚的。引用弗里兹·维特尔在讨论强迫性追求时说过的话[①]，就是排除了其他所有东西，爱就成了我们追逐的幻象。人、自然、工作或者任何娱乐或兴趣都不会有任何意义，除非爱能给它们增添一些风味。事实上，在我们当前的文明中，女性对它的着迷程度比男性更甚。这就带来了一种观念，认为爱更多是女性的渴望。实际上，这跟女子气或男子气没

---

① 弗里兹·维特尔，《神经症的潜意识幻象》，载于《精神分析季刊》，第八卷第二部分，1939年。

有半点关系，而是一种神经症现象，因为它是一种不合理的强迫性动力。

如果我们理解顺从型的结构，我们就知道对他来说为什么爱会如此重要，为什么“他的疯狂中也有策略”了。考虑到他具有矛盾的、强迫性的倾向，会发现实际上爱是他所有神经症需要得到满足的唯一途径。它保证满足个体被喜爱和支配他人的需要（通过爱），它既能满足患者居于次要地位的需要，也能满足患者突出自我的需要（通过对方全身心地为他付出）。它使个体在公正、无害，甚至值得称赞的基础之上释放自己所有的攻击性原动力，同时还使他表现出他所拥有的所有讨喜品质。此外，由于他不知道自己的缺陷和遭遇都来自于自身的内心冲突，爱就成为一种绝对有效的治疗方法：若能找到一个爱他的人，一切都会好起来。人们会说，这种希望是荒谬的，但我们必须理解他的那些潜意识推理的逻辑。他认为：我很脆弱很无助；只要我在这个充满敌意的世界中孤单地存在，我的无助感就会是一种危险和威胁。但是如果我能找到一个人爱我远胜过他自己的人，我的处境便不再危险，因为他会保护我。跟他在一起时，我不需要固执己见，因为他会理解我，不用我询问或解释他便能明白，把我想要的东西给我。事实上，我的脆弱会成为一种财富，因为他会爱怜我的无助，而我可以依靠他的力量。我自己所不能调动的主动性，若是为了他则会变强，或者甚至只是因为他希望我为自己那么做。

他又考虑着重新构建自己的思维和推理模式，思考其中哪些是思悟所得，哪些仅仅是情感，哪些是潜意识的。他继续推想："孤身一人对我来说是一种折磨。不仅因为我无法从无人分享的东西中感受到乐趣，还因为我感到茫然，感到焦虑。诚然，我可以在周六的晚上一个人去看一场电影或者读一本书，但这会让我感到羞愧，因为这说明没有人想要我。出于这一点，我必须做好周密的计划，不在周六的晚上——或者其他任何时候独处。但如果我找到一个很爱我的人，他可以使我摆脱这种折磨，我再也不会孤独；现在看起来毫无意义的事情，无论是准备早餐，还是工作，或者观看日落，都会令人感到快乐。"

他还觉得："我缺乏自信，我总觉得别人比我厉害，比我有魅力，比我有天赋。即使是那些我能做到的事情也不重要，因为我不能从中获得成就感。我可能只是在故弄玄虚或者可能只是比较走运。我不能保证下次还能做到。如果别人真的了解我便不会觉得我有用。但如果我找到了一个爱我的、珍视我的人，我就会是个重要的人。"所以，难怪爱像海市蜃楼那般诱人，也难怪这类患者会对它死守不放，而放弃更为艰苦的努力——从内部做出改变。

在这种情况下，性交除了具有生物性功能之外，还有证明自己被需要的意义。顺从型个体越是自我孤立，即害怕情感卷入，或者越是放弃对爱的希望，爱情便越会被单纯的性行为取代。他会觉得那是获得亲密感的唯一途径，而且会高估它在解决问题中所起的作用，这与前面所说的高估爱的力量是一样的。

如果我们能细心做到避免两种极端——要么患者过于看重而把爱当成“只是自然的”事情，要么患者将它看成“神经症的”——我们可以看到，顺从型个体在这个方面的期望来自他对自己生活哲学的总结。我们常常（或者说是总是）可以从神经症现象中发现，患者有意识或者无意识的推理是无可指摘的，但其出发点却是错误的。其谬误在于他把对爱的需要以及所有与之相关的事情当作爱的真实能力，而忽略了自己的攻击性和破坏性倾向。换言之，他把神经症冲突全部忽视掉了。他所希冀的是不用对冲突本身做出任何改变而消除冲突的有害后果——这是神经症患者的典型努力方式，也是为什么这些努力注定会白费的原因。但是，他一定会说，爱就是解决办法。如果顺从型个体十分幸运地找到了一个既有力量又有温情的伴侣，或者这个伴侣的神经症与他自己的神经症可以互补，他的痛苦就会大大地减轻，甚至会感受到些许快乐。但其规律是，他就像是希望在尘世中寻找天堂，这只会把他推向更加痛苦的深渊。他有极大的可能把自己的冲突带入这段感情中，最终毁掉这段感情。这段关系最好的结局也只是缓解他实际的烦恼；除非他的冲突得以化解，不然他的健康发展之路还是会被堵死。

第四章　对抗人

在讨论基本冲突的第二个方面——“对抗人”的倾向时，我们还是像前面一样，先探讨那些攻击性倾向占主导的个体。

顺从型个体固执地认为“性本善”，但又不断地被相反的事实打击，与之类似，攻击型个体默认每个人都是心怀敌意的，并且拒不承认相反的观点。在他看来，生活就是一场战争，落后就会挨打。他只是不情愿地并且有所保留地认为可能有意外。他的态度有时表现得非常明显，但更多的时候掩饰在礼貌周全、公正不阿与友善的外衣之下。这种表面功夫可以说是阴谋家的权宜之计。但事实上，其中混杂着虚伪、真诚与神经症性需要。他希望别人认为自己是好人，也有一定程度上的真心实意，但前提是没有人怀疑他的领导地位。这当中为了攻击性的目的，可能会有对爱和赞许的神经症性需要。对于顺从型个体来说，他们就不需要这种“外在”，因为他们的价值观符合社会或者宗教道德。

与顺从型个体一样，攻击型个体的需要也有强迫性，我们必须认识到，它们也是由基本焦虑引发的。这一点很重要，因为顺从型个体所明显表现出的恐惧是攻击型个体从来没有承认过、表现过的。对攻击型患者而言，所有事情势必会表现为、发展为或至少看上去十分艰难。

他的需要从根本上源自于自己的看法，他觉得人生是一个竞技场，用达尔文的话来说，就是一个弱肉强食的世界。如何才能更好地生存取决于我们所在的社会文明；但是在任何时候，对个人利益的追求都是第一准则。因此，他最大的需要就是掌控他人。至于能够掌控他人的手段则是举不胜举。有时是直接大权在握，有时又会通过对别人关心备至或让别人觉得欠自己人情的方式间接掌控。他更喜欢在背后弄权。他用的可能是深思熟虑的办法，说明他认为只要有算计、有预见，没有做不到的事。他独有的掌控方式一方面取决于他的天性；另一方面，代表着各种冲突性倾向之间的融合。比如说，如果他同时还喜欢独处，便会拒绝所有直接进行掌控的方式，因为这需要与别人近距离接触。如果他对爱的需要比较隐蔽，也会更喜欢用简洁的方式。如果他喜欢背后弄权，则会表现出虐待狂倾向，因为这样他才能利用别人来达到自己自私的目的。①

伴随而来的还有他对超群出众、对成功、对威望或是任何形式的认可的需要。为这些需要而做出的努力在一定程度上指向的是权力，因为在竞争性的社会中，成功与威望可以增加个体的权力。但他也会通过外界的肯定、赞扬和高人一等的事实来增强主观力量的感受。这里也跟顺从型一样，重心落在个体自身以外；不一样的是希望从别人那里获得哪种类型的肯定。事实上，无论哪一种都是徒劳无益的。当人们奇怪于为何成功了但还是感到不安的时候，这只能说明他们缺乏心理学的知识，但既然他们有这种疑惑，就说明一般情况下，成功与威望被看作普遍的评价标准。

强烈地想利用别人、比别人聪明的需要都是攻击型个体的表

---

① 参见第十二章“虐待狂倾向”。

现。在看待任何处境或关系时，他的立场都是“我能从中得到什么？”——无论是关于钱、声望、人际关系，还是创意。他会有意识或半有意识地确信，每个人都是这样为人处事的，关键是要比别人做得更加周全。他所形成的性格刚好与顺从型患者相反，他冷酷而坚毅，或者给人这样的感觉。他把所有的感情，无论是自己的还是别人的，都看作“多愁善感”。对他来说，爱情也无足轻重。这并不是说他没有爱过、交往过，或者不会结婚，而是说他最关心的是找一个十分称心的配偶，用对方的魅力、社会威望或者财富来增强并提高自己的地位。他认为没必要体贴别人。“我为什么要关心别人——他们能照顾自己。”如果问他那个古老的伦理问题，有两个人在一个木筏上，但只有一个人能活下来，他会说，他当然要尽力保全自己——不这么做才是傻和虚伪呢。他不会承认任何形式的恐惧，会竭力战胜这种情绪。比如，他会强迫自己待在空无一人的房子里，虽然他害怕强盗；他会坚持骑在马背上，直到克服了对马的恐惧；他会故意穿过一片明知有蛇的沼泽地，以摆脱对蛇的恐惧。

顺从型的个体喜欢去讨好别人，攻击型的个体却喜欢不惜一切地去战斗。在争执时他会非常警觉和敏锐，用尽方法去证明自己是对的。越是在被逼得没有退路只能战斗的情况下，越能显出他的英雄本色。顺从型个体害怕胜利，与之相反，攻击型个体输不起，只想取胜。前者遇事喜欢自责，后者遇事喜欢推诿。其共同点是在两者身上都没有过错感。顺从型患者在自责时绝不是认为自己有错，而是被驱使着去让步。与之相似，攻击型患者也并非确信别人不对，他只是在假定自己正确，因为他需要这种主观的确定感做基础，就像军队需要一个安全的阵地才能发起进攻。没到万不得已的时候便承认自己的过错对他来说是不可饶恕的，因为这不仅暴露出自己的愚蠢，还会显得十分软弱。

患者竟然有如此强烈的现实主义感，这和他与充满敌意的世界抗争的态度相一致。他绝不会“天真”到看不出别人的野心、贪婪、轻视，或是其他任何可能阻碍自己实现目标的表现。由于他的这种特点在竞争性社会文明中远比真正的礼数更加常见，他便觉得自己有这样的特点合情合理，只不过是比较现实罢了。当然，实际上，他跟顺从型的患者一样，是非常片面的。他的现实主义的另一方面是非常强调谋略与远见的。像其他优秀的谋士一样，在任何时候，他都会十分谨慎地评估自己的机会、对手的力量，以及可能存在的陷阱。

由于他常常被驱使着坚信自己是最强的、最有头脑的，或者最受追捧的，所以他努力想培养出与之匹配的能力与智谋。他在工作中孜孜不倦、苦心经营，才使上司对自己另眼相看或者成就一番事业。然而，他的这种专心致志工作的表现在某种程度上可能只是一种假象，因为对他来说，工作只是达成某种目的的手段。他并不热爱自己的工作，也不是真正地乐在其中——这与他竭力不带感情地生活的情况一致。这种扼制所有情感的行为是把双刃剑。一方面，它无疑是为了成功而做出的权宜之计，因为它可以使患者像一台上好油的机器一样运转，不断地制造出能给他带来更多权力与声望的产品。这时如果感情用事就会受到干扰。这显然会把他引向一条机会性优势较少的生产线上；情感可能会使他耻于使用他在成功之路上常用的伎俩；可能会诱使他放弃雄心壮志而沉溺于自然与艺术；或者使他倾心于朋友而不是那些仅仅是对达成自己目的有用的人。另一方面，对感情的扼制会造成情感贫瘠的状态，这会影响其工作的质量，也注定会削弱他的创造力。

攻击型患者看似毫无压抑之累。他可以坚持自己的愿望，可以发号施令、大发雷霆、自我保护。但实际上，他的压抑并不比顺从型患者少。按照我们的社会文明的标准，他的那些压抑在我们看来似乎并不是压抑。这些压抑属于情感的范畴，涉及他在交友、恋爱、表达感情、表示同情、不感兴趣的娱乐等方面的能力。他会认为这只不过是在浪费时间。

他觉得自己非常强大、诚实和现实，如果用他的方式考虑事情，他确实是这样的人。站在他的出发点，他对自己的评价是非常合乎逻辑的，因为对他来说，冷酷无情就是力量，不关心他人就是诚实，不择手段地达成自己的目的就是现实。他认为自己诚实还有一些原因：他敏锐地戳穿了当前社会中的虚伪。对事业的热情、对他人的善心等在他看来都只不过是一种伪装，而且，他很容易就可以揭露公益精神或宗教美德的真实面目。他的价值观是建立在丛林法则的基础之上的——强权就是真理，去他的仁爱与怜悯，人皆是豺狼。我们这里看到的价值观与我们所熟知的纳粹价值观没什么两样。

攻击型患者倾向于拒绝真正的同情和友善，也倾向于排斥他们的两种变形——顺从和讨好，这自有其主观逻辑性。但是如果就这么认为他不能辨别真伪也是不对的。当他遇到一种的确友好而又有力量的精神时，他能认识到，并且会表示尊重。关键在于他认为在这个方面过于明辨是非对自己只会有害而无益。这两种态度都让他觉得是生存斗争中的累赘。

那么，他何以如此坚决地排斥人性中柔情的一面呢？他何以在看到别人的柔情行为时如此厌恶呢？当别人表现出他认为不该有的同情时，他何以会如此嗤之以鼻呢？患者的这种行为就像是撵走门口的乞丐，因为他们的悲惨状况会使他伤心。他还的确可能会对乞丐破口大骂；他一分钱都不给，还会面露凶相。这种反应都是他的典型行为，在精神分析治疗的过程中，随着他的攻击型倾向的缓和，随时都可以观察到这些表现。实际上，他对别人的“柔情”有着矛盾的感受。他看不起别人的柔情，事实也的确如此，但是他同时又喜欢别人那样，因为这使他能够肆无忌惮地追求自己的目标。可他为什么还经常会被顺从型的个体吸引呢？后者也一样经常被他吸引呢？他的反应之所以会如此强烈，是因为他的内心需要驱使着他去对抗自己内心中的所有柔情。尼采对这种内心动力学做过很好的阐释，他内心的超人会把所有形式的同情看作一种内奸，一个在内部起作用的敌人。“柔情”对于这种类型的患者来说不仅是真正的喜爱、怜悯等，也是顺从型患者的需要、情感和准则中所蕴含的一切。还回到刚刚那个乞丐的例子，他也会真的动了同情心，也会觉得需要满足他的乞求，自己应当伸出援手；但他还感受到另外一种更强烈的需要，而把这些同情的念头全部赶走，结果他不仅拒绝施舍，还恶语相向。

这种把不同的驱动力融合起来的想法对于顺从型患者来说是融于爱中，而攻击型患者则欲将之融于名望。盛名不仅可以实现他所追求的自我肯定，还抛出了另外一种诱惑——被他人喜爱，从而自己能反过来喜爱他人。由于名望看起来似乎可以解决他的冲突，于是成为他所追寻的海市蜃楼。

他的行为的内在逻辑在本质上与顺从型表现出来的一致，所以我们在这儿就简要说一下。对于攻击型患者，任何同情心、行善的责任、顺从的态度都与他所奉行的整个生活方式相矛盾，会动摇其根本。此外，这些对立倾向的出现会使他不得不面对自己的基本冲突，破坏掉他精心设计的局面——统一性。其结局是，对温和倾向的压抑会加强攻击性倾向，使其强迫性更强。

如果前面讨论的两种类型在我们的脑海中已经十分清晰了，我们就能看出它们代表着两个相反的极端：一方所追求的对另一方来说则是令人厌恶的；一方得去喜欢所有人，另一方则把所有人都当作潜在的敌人；一方不惜一切代价避免争斗，另一方则认为争斗是生活的自然属性；一方总会恐惧和无助，另一方则要消除这种情感；一方追求的是人性的理想，虽然这种追求是神经症性的，另一方则追求丛林法则的哲学。但自始至终这两种模式都不是被患者自由选择的；每一方都是强迫性的，无法变通的，由内心需要所决定。它们之间没有可以汇合的中间地带。

我们现在可以思考描述这两种类型的目的了。我们是为了找出基本冲突的内容，到目前为止，我们已经看到在这两种截然相反的类型身上有两种不同的方面在起主导作用。我们现在要描绘出这样一个人，在他身上，这两种对立的态度和价值观势均力敌。这个人会同时被无情地驱使向两种截然相反的方向，以至于不能正常生活，这一点难道不是非常明显吗？事实上，他会被分裂开来，完全失去所有的行动能力。需要他去努力消除其中的一方，落入另外一种类型当中，这也是他解决冲突的办法之一。

这种情况用荣格的话称作片面发展，但这种说法是完全不合适的。它只在形式上看起来正确。但由于它建立在对内心动力学的错误认识之上，所以其含义都是不对的。荣格起初在论述片面性的概念，然后又说在治疗时，应帮助患者接受他的对立面，那么我们要问了：这怎么可能？患者不能接受它，而只能认识它。如果荣格希望做到这一步就可以使患者的人格完整，那么我们不禁要怀疑：这一步自然是实现人格整合的重要一步，但它本身仅仅是说要面对自己的冲突，而这一点他迄今并未做到。荣格没能正确地评价神经症倾向的强迫性本质。在接近人与对抗人之间并不是简单的弱与强的差别，或者用荣格的话说，不是女子气与男子气之间的差别。我们每个人都有可能顺从或者攻击。如果一个人没有受到强迫性的驱使，可以通过足够的努力，完成一定程度的人格整合。然而，如果两种模式是神经症的，就会对我们的成长有害。两种令人讨厌的模式合到一起并不能形成一种称心如意的模式，两种矛盾的事物合到一起也不能成为一个和谐的整体。

第五章 回避人

基本冲突的第三个方面是对离群独处，也就是对“回避人”的需要。在探讨那些这种倾向占主导地位的个体之前，我们必须先弄明白什么是神经症性超脱。这当然不仅仅指偶尔想要独处一下。每一个认真对待自己和生活的人偶尔都会想独处。当前的社会文明使我们被周遭的生活环境吞没，以至于我们认识不到自己的这种需要。但是各个时代的哲学与宗教都强调过自我实现的可能。渴望一种有意义的孤独，绝非神经症的表现；相反，多数神经症患者不敢面对自己的内心深处，从而失去了享有建设性孤独的能力，这反倒是神经症的表现。只有当一个人与他人之间出现了无法容忍的紧张关系时，且孤独是为了避免这种紧张关系，想独处的愿望才是神经症性超脱的表现。

高度超脱的个体的某些特质非常典型，以至于精神病医生认为它们纯粹属于超脱型的表现。其中最明显的一点是对他人的普遍疏远。我们特殊关注这一点，是因为患者的过分强调，实际上，他的疏远并不比其他神经症患者强。比如，在前面讨论过的两种类型中，我们不好笼统地说哪一种是更加疏远的。我们只能说，这种特质在顺从型的患者身上是隐藏着的，他一旦发现了这一点便会十分惊恐，因为他对亲近感的强烈需要使他急于相信在自己与他人之间并无鸿沟。毕竟，与他人的疏远是人际关系失调的标志。但是无论哪一种神经症都是这样。疏远的程度更多取决于关系失调的程度，而不是神经症的种类。

超脱型患者的另一个特质是对自我的疏远，即对感情经历的麻木，无法认识自我，不知道自己的所爱、所憎、所欲、所想、所惧、所怨、所信。这种自我疏远是各种类型的神经症患者普遍存在的表现。每个神经症患者都像一架遥控飞机，注定会失去与自我的联系。超脱型个体就像海地传说中的丧尸——虽已死去，却被巫术复活：他们可以像活人一样工作和生活，却没有生命。但其他类型的患者则会有相对富有情感的生活。既然存在这种多样性，我们便不能把自我疏远看作只属于超脱型的特质。所有离群的人都有一个共性，那就是，他们可以带着客观的兴趣去审视自我，就像在欣赏一件艺术品。最佳的表述是：他们都有对自我的“旁观者”态度，这也是他们对待生活的总体态度。因此，通常情况下，他们都能够很好地观察自我。这方面突出的例证是他们常常表现出对梦中意象的神秘理解力。

最重要的一点是他们内心在自我与他人之间保持距离的需要。更确切地说，是他们有意识或者无意识地不与他人以任何方式发生情感联系的决定，无论是爱情、争斗、合作，还是竞争。他们在周围画了一个神奇的圈圈，没有人可以侵入。这就是为什么他们在表面上看起来仍然能与人“相处”，但当外界侵犯到他们时，他们便会焦虑，他们的需要便会显现出强迫性的特征。

他们的所有需要和品质主要都是为了不卷入情感。其中一个最显著的特征是对自力更生的需要，这种需要给人的最为明显的印象就是足智多谋。攻击型患者往往也是足智多谋的——但两者的精神气质不同：对攻击型个体而言，这种特征是他在敌对世界中打拼、战胜别人的前提条件；对于超脱型个体而言，这种精神更像是鲁滨孙式的，他的足智多谋是为了生存，是对自己的孤立进行补偿的唯一方式。

还有一种更不可靠的维持自力更生的方式，那就是有意识或无意识地限制自己的需要。如果我们记住这一点——其内心原则是绝不亲近任何人或者任何事物，以防离不开他或它——就能更好地理解他在这个方面的各种行为，否则就会侵犯到他自我孤立的原则。他最好没有什么重要的身外之物。比如，一个超脱型的人仍能真正地感受到快乐，但这种快乐若是离不开别人，那他宁可放弃。他可以在偶尔几个晚上的朋友聚会时感到高兴，但却厌烦一般的交际和社会活动。与之类似，他还会回避竞争、声望和成功。他喜欢限制自己的吃喝及生活习惯，让其保持在自己不需要太多时间和精力便能挣够钱，使其得以满足的范围内。他十分憎恶疾病，觉得它是一种令人感到非常羞耻的状态，这是因为疾病使他不得不依赖他人。他可能坚持对任何事情都要亲自体会：比如，当踏入异国他乡时，他不希望别人强加给自己他们对这个国家的所言所写，而是觉得眼见耳听才为实。这种态度只要没有到十分荒唐的地步——比如在异国他乡迷路时拒绝问路，都还是有助于形成宝贵的内心独立性特点的。

超脱型个体的另一种显著的需要是对隐私的需要。他就像酒店里的有些客人一样，从来不摘掉门上“请勿打扰”的牌子。甚至连书籍也被他看作外部对他思想的侵犯。任何对他个人生活的质疑都使他震惊；他总把自己包藏在秘密之下。曾有一个患者告诉我在他45岁时仍然会憎恶上帝的无所不知，他自小就如此，那时他的母亲告诉他上帝可以透过关闭的门窗看到他在咬指甲。这个病人连日常琐事都不愿与人分享。

一旦觉得别人把自己当作等闲之辈，超脱型个体便会恼羞成怒，因为他会觉得自己的“独特性”被忽视了。通常情况下，他在工作、睡觉、吃饭时都喜欢独自一人。与顺从型患者大相径庭，他什么经历都不想与人分享，怕的是受到别人的扰乱。甚至当他与别人一起听音乐、散步或聊天的时候，他当时也不会觉得快乐，而只有在后来回味时才会感受到真正的快乐。

自力更生与保守隐私的目的都是为了满足他最突出的需要——对绝对独立的需要。他自己把这种独立看作一件有积极意义的事。这种独立自然是有某种价值的。因为超脱型个体无论有什么样的缺陷，也绝不会自动从众。他不假思索地拒绝附和他人，又不愿介入竞争，这的确赋予他正直诚实的形象。他错就错在把独立本身当作了目的，而忽视了这一事实：独立的价值最终取决于它能帮助他做些什么。他的独立只是他整个离群独处表现的一部分，这种离群的目的是消极的，那就是我行我素，不受强迫与束缚，不愿承担责任。

与其他类型的所有神经症倾向一样，对独立的需要也是强迫性的、盲目的。它表现为对所有看似带点强制、影响与义务等的东西的异常敏感，敏感的强度恰好是衡量自我疏离程度的标尺。不同的患者会对不同的事物感到压抑。有的人因为衣领、腰带、鞋袜对身体的束缚而感到压抑；有的人会因为视线的遮挡而有幽闭之感，比如身居隧道或矿井中会感到焦虑不安。这些方面的神经过敏并不是幽闭恐惧症的全部表现，但在某种程度上是它的背景因素。患者总是会想尽办法逃避长期责任：你很难让他签一个期限超过一年的合同或者契约，让他结婚更是难上加难。婚姻对超脱型个体在任何时候都是一个危险的命题，因为这会使他不得不触及亲密的人际关系；尽管出于自我保护的考虑，或者相信会有一个伴侣完全符合自己的特殊要求的信念可能会减轻婚姻对他而言的风险。患者在面对婚姻时常常会表现得惊恐万分。时间的无情流逝会让他觉得是一种逼迫，他在上班时总是恰好迟到五分钟，这种习惯是为了维持一种自由感的幻觉。时间表之类的东西对他而言是一种威胁；超脱型患者很爱听这种故事：有个人不爱看时间表，总是什么时候想去车站就什么时候去，错过了就等下一班车。如果别人想他去做点什么事或有什么样的行为表现，都会使他不自在和反感，也不管这种期待是别人实际表示出来的还是他自己臆想出来的。比如，他平时喜欢送人礼物，但老是会忘记生日礼物或圣诞礼物，因为他觉得这是别人想让他送的。他不愿遵守约定俗成的行为准则或传统；他可能表面上遵守以避免摩擦，但在内心里固执地拒绝一切行为准则和传统。最后一点，别人给他出的主意在他看来是对他的支配，于是会竭力抗拒，哪怕别人的建议与他的想法一致。这里，他的抗拒也与一种有意识或无意识地想挫败他人的想法有关。

对优越感的需要虽常见于所有的神经症，但在这里需要着重强调，因为它与离群独处有着内在的联系。从“世外桃源”“巍然独立”这些词中，我们就能看到，即使是在日常语言中，离群独处与优越感总是联系在一起的。或许，如果不是非常强大，足智多谋，或是有唯我独尊的感觉，没人能忍受孤独。这也有临床经验的验证。当患者的自我优越感被暂时挫伤时，不管是因为具体的失败事件，还是因为内心冲突的增强，他便再也受不了孤独，可能会不顾一切地想得到爱和保护。这种内心波动在他的生活经历中十分常见。在他十几岁或二十出头的时候，他可能有过一些关系不冷不热的朋友，但总体上还是过着颇为孤独的生活，却也相当怡然自得。他常编织着对未来的幻想，彼时自己已功成名就。但是后来这些美梦在现实的礁石上被拍得粉碎。虽然读高中的时候，他总是在班上稳居第一，但到了大学他碰上残酷的竞争，便退避三舍。他第一次失恋了，或者，随着年龄的增长，他认识到自己的梦想很不现实。于是便再也受不了离群独处，他被强烈驱使着想获得亲密的人际关系、两性关系和婚姻关系。他为了爱甘受任何屈辱。当一个这样的患者来进行分析治疗时，尽管他仍然有着明显突出的超脱表现，却依然无法接受医生的治疗。他首先想要的是让医生帮助他找出某种形式的爱。只有当他感到自己足够强大时，他才能释然，更愿意“一个人生活且活得快乐”。他给人的印象看似是旧病复发，又陷入了之前的超脱状态。但实际上，这是他第一次有足够坚实的基础去承认，甚至是向自己承认，孤独就是他想要的。这正是对他的自我疏离开展治疗的最佳时机。

超脱型个体对优越感的需要有着某些特定的特征。因为害怕争斗，所以他并不想通过不懈的努力来在现实中超群出众。他反而觉得自己的宝贵品质别人应该一看便知，无须自己做什么；他的潜在优点应当无须自己刻意表现便可以被别人感受到。比如，他可能会梦见在偏僻的村庄里藏着很多宝藏，很多鉴赏者不远千里只为一睹其光彩。与优越感的所有相关概念一样，其中也包含着现实的成分：隐藏的宝藏代表着他在自己的神秘圈圈中保护着的理智与情感生活。

他的优越感的另一个表现渠道是他认为自己非常独特，这直接产生于他渴望自己与众不同的想法。他可能自比为巍然独立于山巅的一棵大树，而山脚下丛林中的树木却受到周围树木的妨碍。顺从型患者对于自己的伙伴会默默产生这种疑问："他会喜欢我吗？"攻击型患者想问："这个对手强不强？"或者"他对我来说有用吗？"而超脱型患者首先考虑的是："他会妨碍我吗？他是想干涉我，还是说不会插手我的事？"培尔·金特[①]与铸纽扣者的故事就是一个最好的象征，表现了超脱型个体在被投入到人群中之后的恐惧感。他在地狱中的屋子无论怎样都好，但若是被扔到熔炉中，被铸成型或者被变作其他的样子，却会让他不寒而栗。他觉得自己像是一条珍贵的东方地毯，图案和色彩的搭配举世无双，永远不可改变。他尤其自傲于自己抵制了大环境一刀切的影响，并决心继续这么做。对自己不可改变这一点的珍视使他把所有神经症内在的固执性当作神圣的原则来尊崇。他迫

① 易卜生创作的戏剧作品《培尔·金特》中的主人公。——译者注

切地想扩充自己的模式，使这种模式更加纯粹与鲜明。他拒不接受任何外部事物。培尔·金特有一句简单而又荒谬的格言：“为你自己就够了。”

超脱型个体的感情生活不像其他类型的患者那样有着较严格的模式，不同个体之间差异较大。主要是因为，前两种类型的主要倾向是朝向积极目标的——一个是温情、亲密和爱情；另一个是生存、支配和成功。超脱型个体的目标是消极的，他不想牵涉别人，不想依赖别人，也不许别人侵犯或干涉。所以，他的感情状态有赖于在这种消极框架中形成和发展起来的特定欲望，并且也只能形成这种超脱型所特有的些许倾向。

其总体倾向是压抑一切情感，甚至否认情感的存在。在这里我想引用诗人安娜·玛利亚·阿米在一部未出版的小说中写过的一段话，因为它不仅简明地描述出了这种倾向，还表现了超脱型个体的其他典型态度。主人公在回忆自己的青春时代时说：“我那时可以清楚地看出一种强烈的生理关系（像我与父亲之间的）和一种强烈的精神联系（我与崇拜的英雄之间的），但我怎么也看不出其中的感情；感情根本就不存在，人们总撒谎说有感情，他们对许多事情都撒谎。B女士惊呆了：‘那你怎么解释奉献呢？’我一度惊诧于她话中的真理；随后我便认定奉献也是一个谎言，如若不是谎言，也是一种生理或精神方面的行为。我那时梦想着过独身生活，永不结婚，梦想着变得强壮、平静、寡言、不求人。我要一个人奋斗，要更多自由，不再做梦，而要看得清楚，活得明白。我觉得道德毫无意义；只要你绝对真实，善恶没什么区别。摇尾乞怜才是最大的罪恶。心灵对我来说是需要守护的神庙，里面总是进行着奇特的仪式，只有庙内的僧人和守门人才会懂得。”

对感情的排斥主要针对的是与他人之间的感情，这些感情有爱也有恨。这正是想与他人保持情感距离的必然结果，因为有意识地经历强烈的爱憎感情，只会使人与他人接近，或与他人冲突。H.S.沙利文的概念“距离机制”用到此处再合适不过。这并不是说，感情在人际关系之外势必会受到压抑，所以它便活跃于对书本、动物、自然、艺术、饮食等的兴趣中。但不得不说，有可能发生这种情况。因为对于一个用情很深、富有激情的人来说，要抑制他某个方面的感情是不可能的——况且那还是最重要的感情，除非把所有的感情一起压抑下去。这虽是一种推测，但下面的情况却是真实的。一个超脱型的艺术家，在其有创造力的时候，既可以有很深的感受也可以将其表达出来，但是，他们也都曾经历过感情全然麻木或者坚决否认感情的时候，而且大多数是在青春时代，就像前面所引用的那段话一样。当他们试图与人建立亲密感情但却失败时，他们便有意或无意地进入了自我孤立的生活中——也就是说，他们有意或无意地决定与他人保持距离，或者听任自己孤独生活的时候，便是他们有创造力的时候。事实上，与他人隔着安全距离，他们可以宣泄与人际关系无直接联系的大量情感。这一事实说明，以前对所有情感的否定是实现自我孤立所必需的。

人际关系之外的感情之所以会受到压抑还有另外一个原因，这个原因在探讨自力更生的时候就已经体现出来了。任何有可能使超脱型个体产生依赖性的欲望、兴趣或快乐，都被他看成是对自己内心的背叛，因而要加以压制。在充分流露感情之前，需要小心地分析局势，以防损失宝贵的自由，任何对独立的威胁都会使他的情感退缩。但当他发现局势不会妨害到他的自由时，便会欣然投入其中。梭罗的《瓦尔登湖》就描绘了在这种情况下个体所产生的深刻的情感体验。他既害怕沉溺于欢乐中，又害怕因此而使自由受限，所以有时几乎变成了禁欲主义者。但这是一种特殊的禁欲主义，其目的不是自我否定或自我折磨。我们还不如称之为自律——考虑到其前提，也并不缺乏智慧。

我们需要有自发情感体验的能力，这对保持心理平衡非常重要。比如，创造力可能是一种拯救手段。假如这种能力的表现受到了压抑，接着又通过分析治疗或其他经历而被解放出来，那这对超脱型个体会有非常大的有利影响，以至于它的疗效看上去会像是一个奇迹。在评价其疗效时需要非常谨慎。首先，如果把产生的疗效普遍化，则是错误的：对某个超脱型患者来说是拯救，对另一个患者可能就没有这种效果。[①]甚至对那个患者本人而言，如果从是否改变了他的神经症的基本因素来看，并不能称作严格意义上的“治愈”。这只能使他的生活方式更加令人满意，并且没那么混乱。

感情愈是被克制，理智便愈是被强调。那么，他所希冀的便会是一切事情都能够只凭理智思维的力量得到解决，这就好像是只要知道了自己的问题就足以将其治好，或者像是单靠推理就能解决世上的所有麻烦。

在讨论了超脱型个体的人际关系之后，有一点已经很清楚了：任何亲密持久的关系都必然会破坏他的自我孤立状态，如此就非常危险——除非与他交往的人也同样自我疏离，自愿尊重他

① 参见丹尼尔·席来德尔的论文《神经症类型的转变对创造性才能和性能力的扭曲》，1943年5月26日汇报于医学科学院。

对保持距离的要求；或者，除非他的伙伴出于其他原因能够并且愿意改变自己，顺应他对自我疏离的需要。痴心等待培尔·金特归来的索尔维格便是这种理想伙伴。索尔维格对他别无所求，如果她对他有什么要求，那会吓坏他，就像是他如果失去了对自己情感的控制也会被吓坏一样。大多数时候，他并不知道自己的付出是如此之少，而他却以为自己已经献出了未表达出口、未体验过的感情，把对自己来说珍贵无比的东西献给了她。只要感情距离得到了充分的保障，他仍能保持某种程度的持久忠贞。他也许可以与他人有短暂的交往关系，但在这种关系中，他时隐时现。这些所谓的短期关系非常脆弱，任何风吹草动都会使他退缩。

两性关系对他来说与旁人没有两样，都像是一座桥梁。只要这种关系是暂时的且不影响他的生活，他便乐在其中；而且，这种关系还必须严格限制在特定的范围之内。此外，他可能对这种关系极为冷漠，根本不允许它的发生。这时，他可能会用臆想的关系取代真实的关系。

我们所描述过的所有特质都会出现在分析治疗的过程当中。很显然，超脱型患者会十分厌恶分析治疗，因为那的确算是对他个人生活的最大侵犯。但他又对自我观察非常感兴趣，分析治疗使他更加洞悉自己复杂的内心过程，这令他非常神往。他可能好奇于自己梦境的生动性，或困惑于自己偶然联想的恰当性。当他验证了自己的设想时，就像科学家验证了假设时那般快乐。他感谢医生在自己身上下的功夫，感谢医生在某些地方给予的指点，但厌恶被催促或者被“强迫”着去触碰自己从未料到的东西。他老是担心分析治疗中的暗示会带来危险，而实际上对于他这种类型的人来说，其危险性远小于另外两种类型，因为他早就全副武装地防范外来的影响了。他原本可以去检验医生给的建议是否有效，用这种合理的办法保护自己的立场，但他的做法却与之大相径庭，尽管表面上比较礼貌周全，不那么直接，但他却随心所欲地盲目拒绝一切不符合他对自己或生活的总体看法的建议。他尤其反感的是医生居然要他做些改变。当然他也希望摆脱那些扰乱他的东西，但这种改变不能触及他的人格。他一方面非常愿意审视自我，但另一方面也在潜意识中决心保持原样。他对所有外来的影响的藐视仅仅是对他态度的一种解释而已，而且还不是最鞭辟入里的那个，我们后面会再讨论其他几种解释。自然而然，他会在自己与医生之间隔开很长一段距离。在很长一段时间里，分析医生对他而言只是听到的一个声音。分析治疗的过程在他的梦里可能表现为来自不同大洲的两个记者在打长途电话。乍看之下，这样的梦境表现的可能是他对医生和分析治疗过程的疏远感——仅仅体现了他在意识层面的态度。但是因为梦并不是对现实情感的简单展现，它也是对解决方案的一种探寻，这个梦境的深层含义是他希望能够避免与医生及整个分析治疗过程产生联系——不让分析治疗以任何方式触碰到自己。

在分析治疗的过程中以及过程外我们都能观察到一种特点，那就是患者的疏离孤立状态受到侵犯时，他会死命防卫。每一种神经症状态都会有此情况。但这类患者的抗拒更为持久，几乎成了殊死搏斗，他们会用尽一切办法。事实上，早在自我疏离状态真正受到威胁之前，这种反抗就已经在悄然进行了，且有一定的破坏性。回避医生只是其中的一个方面。如果分析医生试图使病人相信他们之间有某种联系，并且在这一点上他心中在发生某些变化，那么病人的抗拒会比较巧妙和委婉。病人至多会对分析医生表现出一点合理的看法。假如病人自发地产生一些情感反应，他也绝不会任其进一步发展。此外，病人常常对与人际关系有关的任何事情被分析这一点有根深蒂固的对抗情结。病人与他人的关系一般都非常含糊暧昧，医生常难以得出清晰的印象。病人的这种抵抗是可以理解的。他一直与他人保持着一个安全的距离；谈论这些问题只会使他苦恼不安。医生如果几次三番试图讨论这个话题，便很可能受到患者的公然质疑。这个医生是不是想让患者变得合群？（医生的这种想法是患者所不齿的）。如果后来医生成功地使病人知道了自我疏离的缺点，病人便会惊恐不安、烦躁易怒。这时他可能会想放弃治疗。在分析治疗过程以外，他的反应会更加强烈。平常本来是平静温和、通情达理的人，可能会因为自己的孤傲与自由受到了威胁而恼羞成怒或者破口大骂。病人一想到要加入什么活动或专业团体，一想到别人需要他真正参与而不仅仅是交纳一笔会费，便会惊恐万分。即使他不慎参与了进去，他也会不顾一切地赶紧脱身。比起那些有生命危险的人，这种病人更有发现逃跑办法的能力。有个病人曾经说过，如果要在爱与自由之间做出选择，他们会毫不犹豫地选择自由。这也说明，他不仅愿意用尽一切办法来守护这种超脱的状态，还觉得为此做出再大的牺牲也不为过。他把外在的好处和内心的价值观都抛弃了；在意识层面上，他把任何可能干涉自我孤立的欲望都清除掉；在潜意识中，他自动压抑了这种欲望。

任何被如此强烈捍卫的东西一定有其巨大的主观价值。只有意识到这一点，我们才有希望理解超脱的功能，从而最终有助于治疗。如我们所见，每一种对待他人的基本态度都自有其积极意义。在接近人的倾向中，患者试图为自己建立一种与外部世界的友好关系；在对抗人的倾向中，患者在充满竞争的世界中为了生存而自我武装；在回避人的倾向中，患者企图获得某种真诚与平静的心境。事实上，对人的发展来说，这三种态度不仅值得拥有而且对于个体的发展十分必要。只是当它们表现在神经症中时才变成强迫性的、固执的、盲目的以及相互排斥的。这在很大程度上减损了它们原本的价值，但并没有完全毁灭它们的价值。

我们的确可以从自我孤立中获得很多好处。在所有东方哲学中，超脱都被看作是达到精神至高境界所必需的基础，这一点意义深远。当然，我们不能将这种愿望与神经症性超脱混为一谈。在前者，超脱是人们的自愿选择，被认为是自我实现的最佳途径，选择超脱的人如果愿意，也可以选择另外一种不同的生活。神经症冲突则与之不同，它无关选择，而是内心的一种强迫，是患者唯一的生活方式。不过，我们也可以从这当中获得些许好处——尽管好处的大小取决于整个神经症过程的严重程度。纵然神经症有着巨大的破坏性力量，超脱型患者仍能保持些许真诚。如果是在一个人际关系普遍友好和真诚的社会，这种品质算不了什么；但在一个充满虚伪、狡诈、忌妒、残忍和贪婪的社会里，内心没那么强大的人很容易失去诚实的品质，而与他人保持距离则有益于维护这种品质。此外，神经症通常会夺去心灵的平静感，自我孤立可以提供一条通向内心安宁状态的大道，他们愿意付出的越多，获得的安宁感就越强。另外，假如患者在他的神奇圈圈内没有全部扼杀掉自己的感情生活，那么，他的自我孤立还会使他产生出富有独创性的思想和情感。最后，所有这些因素，再加上他对世界的沉思和相对较集中的注意力，都有助于创造力的建立和表现，倘若他有这种才能。我并不是说神经症性超脱是创造力的前提条件，而是说在神经症压力状态下自我孤立可以为患者创造力的表现提供最好的机会。

尽管有很多好处，但它们并不是病人拼命维护自我疏离状态的主要原因。事实上，如果由于某种原因这种好处不大或被伴随的干扰所遮蔽，患者仍然会拼命地维护。这一观察结果把我们领向问题的更深处。如果超脱型个体被抛向与他人的亲密接触中，他很可能随时会土崩瓦解，用通俗的话来说，就是会神经崩溃。我在这儿使用神经崩溃一词是经过深思熟虑的，因为它囊括了一系列的失调状态——身体功能紊乱、酗酒、自杀、抑郁、工作能力丧失、精神错乱。病人自己会，有时精神病医生也会，把刚好发生在“崩溃”之前的某一件烦心事与失调状态联系起来。比如，士兵受到歧视，丈夫瞒着妻子拈花惹草，妻子有神经症的表现，一段同性恋经历，在大学不受欢迎，结束养尊处优的生活不得不去谋生，等等。诚然，这类事情可能与之有关，但是医生应该认真对待它们，尽量弄清某一个具体事件究竟诱发了病人什么问题。但这样做还远远不够，因为问题摆在那儿：为什么病人会受到如此强烈的影响？为什么他总体的精神平静的状态只因一件事就被打破了——而这件事总的来说只不过是普通的挫折和烦恼？换言之，即使医生已经弄明白了病人对某一特定事件的反应方式，他还必须搞清楚为什么诱发事件的大小与后果的严重程度如此不匹配。

要回答这个问题，我们可以指出这一事实：像其他神经症倾向一样，自我孤立中的神经症倾向只要起作用，就能给患者一种安全感；反之，如果它们不能起作用，就会使患者焦虑不安。只要超脱型个体还能保持与他人的距离，他相对来说就比较有安全感；而一旦因某种原因他的神秘圈圈被侵入，其安全感便受到了威胁。这样，我们就更能够理解，患者在不能维护自己与他人的感情距离时为何会惊慌失措了——我们还得再加一句：他之所以这样害怕，是因为他没有应对生活的办法。于是，他只能独善其身，逃避生活。这里仍然是超脱的消极特点使情况变得特殊，不同于其他的神经症倾向。更具体地说，超脱型患者面对困难处境时，既不能委曲求全，也不能奋起抗争；既不能俯首合作，也不能颐指气使；既不敢爱也不敢恨。他毫无自我保护的能力，犹如一头困兽，只会使用一种应付危险的办法——逃开并躲藏。在他的联想和梦境中也出现过类似的情况：他就像锡兰的俾格米人，只要藏身于树林中便不可战胜，但若从树林中出来便会不堪一击。他还像中世纪的城镇，周围只建有一堵围墙——一旦围墙被攻破，整个城镇便失去了自我保护的屏障。这种状态充分解释了他对生活为什么总是感到焦虑不安。它帮助我们明白，他把离群独处作为一种全面的保护措施，他必须死守不放，不惜一切代价去捍卫。所有的神经症倾向说到底都是防御性手段，但其他倾向也是患者力图积极应对生活的一种方式。然而，如果自我疏离成为主导倾向，则会使患者无力真正应对生活中的问题，结果是随着时间的推移，它最大的特点也只有防御性这一点了。

但患者对超脱状态的拼命维护还有一个更深一层的原因。对超脱的威胁，也就是“攻破围墙”，常常不仅造成暂时的恐慌，还可能引起一种表现为精神错乱的人格分裂。如果在分析治疗的过程中，超脱状态被打破，患者不仅会感到忧虑，还会直接或间接地表现出绝对的恐惧。例如，患者害怕淹没在拥挤的人群中，主要是怕失掉了自己的独特性。他还害怕被无助地置于攻击型个体的强迫和支配之下。这些都是他毫无防卫能力的结果。

他还有第三个恐惧，就是怕自己会精神失常，精神失常的可能性非常大，以至于他需要绝对确信这不会成为事实。这里所说的精神失常并不是发疯，也不是因为想不负责任而做出的反应。它是一种惧怕人格分裂的直接表现，通常表现在梦和联想之中。这意味着，放弃超脱将使自己无法逃避内心的冲突；这还表明，他承受不住这个打击，用某个病人的话说，只能像被雷电击中的大树那样被劈成碎片。这一断言已被其他的观察结果证实。极度自我孤立的个体对内心冲突有着不可遏制的反感。再后来，他们（指的是极度自我孤立的个体，后文的“他们”也是指的这些人）会对医生说，当医生提到冲突时，自己根本不知道医生在说些什么。每当医生真的使他们看到了内心正在激烈进行的冲突，他们便会悄然地在潜意识中用巧妙的手段回避这个问题。如果在他们准备好承认冲突之前，却突然发现冲突的存在，他们便会感到巨大的恐慌。当他们后来在更安全的基础上认识了冲突之后，便会表现出更大程度的自我孤立。

于是，我们得出一个乍看之下十分令人困惑的结论：自我孤立是基本冲突的一个内在组成部分，但也是病人用来对付冲突、保卫自己的手段。如果我们缩小注意范围，谜团就能自行解开。自我孤立正是病人用来对付基本冲突的更为积极主动的方法。这里我们必须重申，基本态度中无论哪一个占了优势，都不能妨碍其他对立类型的存在和作用。比起前面讨论的其他两种倾向，我们在超脱型人格中可以更清楚地看到几种态度的相互作用，首先，这几种相互矛盾的倾向常常可见于患者的生活史。在他明确地接受自我孤立的倾向之前，他往往有过屈从依附的经历和攻击对抗的时光。其他两种类型的价值观是界定分明的，与之相反，他的价值观却充满矛盾。对他奉为自由独立的东西，他一直都评价甚高，但除此以外，他也许会在分析治疗过程的某个时候对善良、同情、慷慨、自我牺牲等品质表示出极端的赞赏；而在另外一个时候则又马上转向冷酷无情的丛林哲学。他自己也有可能对这种矛盾感到困惑，但他总是用某种合理化作用来否认自己那些倾向的冲突性质。分析治疗师如果对整体结构没有清晰的把握，则很容易对此感到迷惑不解。医生可能会在某个方向上乱找一气，但走不多远便会碰壁，因为病人总是躲进自我孤立的状态中避难，把医生的通路全给封闭了，就像人们关上了轮船上的防水隔舱。

在超脱型个体的这种特殊的“抗拒”中，掩藏着一个完美而又简单的逻辑：他不愿与医生发生联系，不愿把自己当作人来进行自我认识。事实上，他根本不想分析自己的人际关系。他不愿面对自己的冲突。如果我们把握了他看问题的出发点，我们就会明白，他对冲突因素的分析根本就不关心。他的出发点是：确信只要自己与他人保持安全的距离便无须操心自己与他人的关系；纵然存在着关系的失调也不会使他苦恼。甚至是医生指出的冲突也可以而且应当置之不理，否则便是自寻烦恼；没有必要把事情理出头绪，反正自己会龟缩在这种超脱状态中。如前所述，这种潜意识的推理在逻辑上是正确的——至少在一定范围内是正确的。他所忽视并长期拒绝认识的，是他不可能在真空里成长和发展的这一事实。

那么，神经症性超脱最重要的作用便是让主要冲突发挥不了作用。它是患者用以应对冲突的最极端、最有效的防御手段。作为众多的制造虚假和谐状态的神经症方法中的一种，自我孤立试图通过回避而达到解决冲突的目的。但这不是真正的解决，因为患者并没有消除掉对亲近、攻击性支配、利用与优秀等的强迫性渴求，这些强迫性渴求即使不造成他思维的瘫痪，也会持续烦扰他。最后，只要继续存在着相互矛盾的价值观，他便绝不可能获得真正的内心平静或自由。

第六章 理想化形象

有关患者对他人的基本态度的讨论使我们熟悉了患者试图解决冲突的两种主要方法，更确切地说，两种处置冲突的方法：一种是压抑人格中的某些方面而突出它们的相反面，另一种是保持自己与他人之间的距离以使冲突无法起作用。这两种方法都能使个体获得统一感，使他能发挥自己的各种功能，即使是以让自己受到损害为代价。①

---

① 赫尔门·朗伯尔格在论文《自我的合成功能》中讨论过有关追求统一感的问题，1930年发表于《国际精神分析杂志》。

除此以外，患者还做出了另一种尝试，那就是创造一种自以为是的形象，或者是他彼时觉得自己能够或应该表现的形象。无论是在意识层面，还是在潜意识层面，这种形象与现实总是相距甚远，哪怕它确实会对患者的生活造成影响。不仅如此，这种形象的特点总是非常讨好于个体的，就像《纽约人》中的一幅画里表现的那样：一个肥胖的中年妇女在镜子里看到的是一个年轻又苗条的女孩。这种形象的具体特点因人而异，取决于人格结构：有的人想突出的是美貌，有的人则突出的是权力、才智、天赋、圣洁、诚实，或者是你想要的任何特征。由于这种形象非常不切实际，因此常常使个体高傲自大。“高傲自大”这个词尽管被当作目中无人的近义词，但实际上是指把自己所不具备的，或是有这种潜能但实际上还没表现出的品质归到自己身上。这个形象越是不现实，患者便会越脆弱，越贪求别人的肯定和承认。对我们确信自己具有的品质，我们是不需要他人来证实的，但如果别人对我们所谎称的品质表示怀疑，我们就会变得极度敏感小气。

我们可以在精神错乱者肆无忌惮的自夸中观察到这种理想化形象；在神经症患者身上，这种形象本质上也是如此。诚然，在后者，这种形象没有前者那般异想天开，但他们也一样会觉得那就是自己的真实形象。如果我们把理想化形象与现实表现的差异程度作为精神错乱与神经症之间的区别，我们就可以把这种理想化形象看作神经症混合着少许神经错乱成分的产物。

理想化形象从本质上讲是一种潜意识现象。尽管在一个外行的观察者看来，患者的自我夸大已经再明显不过，患者却不知道他正在把自己理想化。他也不知道在这种形象中包含了多少奇怪的特点。他也许会隐隐感觉他在对自己提出很高的要求，但他把这种“完美主义者的追求”错当成了真实的理想，因此从不质疑其是否真实，反而还引以为傲。

这种想象影响着他对自己的态度，造成的影响因人而异，在很大程度上取决于他关注的重点。如果神经症患者关注的是使自己确信自己符合这种理想化形象，他便会相信自己实际上就是个大师，是个讲究人，就连自己的过失也变得很神圣。[①]如果他关注的是现实自我，与理想化形象相比，现实自我就会相形见绌并显得卑劣低下，患者便会自我贬责。这种产生于自我贬低过程中的形象，与理想化形象一样，偏离现实自我。所以，我们可以恰如其分地称之为贬低化形象。最后，如果患者关注的是理想化形

① 参见安娜·帕利希的《跪拜》，花城出版公司，1939年。

象与现实自我之间的差距，那么我们会看到，他会不惜一切地企图缩小这种差距，鞭策自己变得完美。在这种情况中，患者会一直地反复念叨一个词："应该"。他不断向我们念叨，他应该有何种感受、想法和行为。他从心底确信自己天生完美，就像一个天真的"自恋者"一样，表现出来就是他相信只要对自己再严一点，只要自己更加自律、更加警觉、更加谨慎，他实际上是能够达到完美的。

与真正的理想不同，理想化形象有一种静止的品质。它不是一个需要不断努力才能实现的目标，而是一个让人顶礼膜拜的固定观念。真正的理想有能动性，能激发人们去努力接近它；是促进个体成长与发展的不可或缺的宝贵力量。而理想化形象对个体的成长来说势必会构成障碍，因为它要么否认缺点，要么仅仅谴责缺点。真正的理想把人引向谦虚，理想化形象则把人引向自大。

无论人们怎样定义这个现象，有一点早已被认识到了，历朝历代的哲学著作中都提到过它。弗洛伊德在神经症的理论中引入了这个概念，给了它很多称呼：自我理想、自恋、超我。它也构成了阿德勒心理学理论的核心，称之为优越感。要指出这些概念与我的观点之间的差异，那就说来话长了。[①]简而言之，所有这些理论都只涉及了理想化形象的某个方面，而没有纵观全局。因此，尽管弗洛伊德和阿德勒以及其他许多学者（包括弗朗兹·亚历山大、鲍尔·费登、伯纳德·格鲁克和恩斯特·琼斯）都做出过贴切的评论或争论，但他们都没有认识到这一现象的全部意义和功能。那么，它到底有哪些功能呢？显然，它可以满足基本的需要。无论不同的学者在理论上怎么解释这一现象，他们有一点是一致的，那就是它构成了神经症的堡垒，其地位难以动摇或削弱。比如，弗洛伊德认为根深蒂固的“自恋”态度就是治疗过程中一个最大的障碍。

首先，我们要说的或许是它最根本的功能，理想化形象取代了基于现实的自信和自豪。一个最终无法摆脱神经症的人不可能从一开始就建立起自信，因为他遭受的境遇完全是破坏性的。即使他还有那么一点自信，在神经症的发展过程中也会日渐削弱，因为自信赖以存在的条件总是被毁掉。我们很难简单地概括这些

① 参见拙著《精神分析新法》一书中对弗洛伊德关于自恋、超我、负罪感的批判性描述，诺顿图书公司，1938年；也参见埃利希·弗洛姆的《自私与自爱》，发表于《精神病学文集》，1939年。

条件。其中最重要的因素是个体是否有充满活力的感情力量，是否建立起了自己的现实目标，是否能在自己的生活中发挥积极主动的作用。无论神经症发展到了哪一步，这些因素都会被毁掉。神经症倾向损害自我决断的能力，因为患者是被驱使着的，而不是主动的。再者，患者决定自己生活道路的能力持续地被削弱，还因为他对别人的依赖，无论这种依赖是何种形式：盲目地抗拒，盲目地渴望超群，盲目地躲避他人——这些都是依赖的不同表现形式。另外，由于他把大量感情力量压抑了下去，便使它们无法起作用。所有这些因素都使他几乎不可能建立起自己的目标。最后还有很重要的一点，基本冲突造成他自身的分裂。由于患者失去了根基，所以他只能将自己的作用和力量感放大。这就解释了为何理想化形象会有一个必不可少的组成部分——认为自己有无穷的威力。

第二个功能与第一个紧密相关。神经症患者在真空中并不感到软弱，而在这个处处会有敌人的世界，他才觉得别人随时会欺骗、贬低、奴役、击败自己。所以必须时刻留心、处处提防，把自己与他人进行比较，但这不是出于虚荣和任性，而是不得已而为之。由于他打心底感到自己脆弱、卑劣——这一点我们在后面会看到——他必须寻找出一点东西来使自己感到比别人更优秀、更有价值。无论其表现为感觉自己比别人更高贵或更残忍，更仁爱大度或更尖酸刻薄。总之，他必须在心中感到自己在某一方面比别人强——这还不包括想超越别人的原动力。这种需求的主要成分是想胜过别人，因为无论神经症的结构如何，患者都有一种脆弱感，觉得自己随时会被人轻视和羞辱。为了抵消屈辱感，就需要一种报复性的胜利，这种需要可能只存在于并作用于患者自己的思维中；它可以是有意识的，也可以是无意识的，但它是对优越感的神经症性需要的一种内趋力而且带有特殊的色彩。[①]当前社会文明的竞争性不仅在总体上有助于诱导和引发神经症，还助长了这种对优越性的追求。

我们已经看到，理想化形象能够取代真实的自信和自豪。但它还有另一种替代作用。由于神经症患者的理想是充满矛盾的，这些理想自然没有约束力；它们总是模糊不清，不能给患者任何指引。所以，若不是他致力于追求这种自创的偶像目标，这一点还赋予了他的生活一点意义的话，他会感到生活毫无目的。这在分析治疗的过程中变得尤为明显，因为在这个过程中他的理想化形象被动摇，使他一度感到非常迷茫。并且直到此时，他才认识

---

① 参见第十二章“虐待狂倾向”。

到自己理想的混乱，从而开始感到这种混乱的理想并不可取。在此之前，不管嘴上怎么说，这个问题都并未引起他的注意，也没有被他理解；现在，他第一次认识到理想是有真实的意蕴的，于是便想弄清楚他自己的理想到底是什么。我因此说，患者的这种体验恰恰证明了理想化形象取代了真实的理想。对这一功能的理解有临床治疗的意义。医生在治疗早期可以向病人指出他的价值观中的矛盾。但他无法指望病人会对这一问题表现出建设性的关注，所以还不能着眼于他的价值观矛盾，除非病人能够放弃他的理想化形象。

在理想化形象的各种功能中，有一种特定的功能使得理想化形象僵死不变。如果我们私下总把自己看成十全十美的神，那么我们最明显的过失与缺陷也会隐而不见，甚至会带上一点迷人的色彩——这就像在一幅出色的画作中，虽然是破败的场景，但是断壁残垣不再显得破败不堪，而是一种融合了褐色、灰色和红色的优美组合。

如果我们提出下面这个简单的问题，我们还能对这种防御性功能有更深一层的理解。个体如何看待自己的过失和缺点？这个问题乍看之下并没有明确的答案，因为我们可以想到无穷多的可能。但它有一个相对具体的回答。一个人如何看待自己的过失和缺点，取决于他接受自己哪一点，排斥自己哪一点。然而，在类似的文化条件下，基本冲突的哪一个方面占主导才是决定因素。例如，顺从型个体并不把自己的恐惧和无助看成缺点，而攻击型个体却会把哪怕一点点这种感觉当作可耻的行为，觉得应该隐藏起来不让别人和自己看见。顺从型个体会把自己带有敌意的攻击倾向看作一种罪恶；攻击型个体会把自己的柔情看作令人鄙夷的软弱无能。还有，每一种类型都情不自禁地否认这样一个事实：他对自己认可的那些方面只不过是一种伪装。比如，顺从型个体并非真的仁爱大度，但他必然否认这个事实；超脱型患者并非自己选择了独处，而是因为他不会与人相处而不得不这样，这个事实也是他所不愿看到的。一般来说，这两种类型的人都拒斥虐待狂倾向（后文将会讨论这一点）。这样我们可得出这个结论：被患者认为是缺点并加以拒斥的东西，就是那些与患者对待他人的主导态度不相协调的东西。我们可以说，理想化形象的防御功能是否认冲突的存在；这种形象之所以无法移除，就是这个原因。在认识到这点以前我常常感到奇怪，要病人相信他并没有自以为的那么了不起、那么出众，哪怕只是一点点，为什么如此艰难。现在这么看来就一目了然了。病人不能退让分毫，因为承认了自己的某一缺点，就会使他不得不面对自己的冲突，从而威胁到他一手建立的虚假和谐状态。因此，我们得出，冲突的强度与理想化形象的刻板程度之间呈正相关：理想化形象越复杂、越刻板，冲突就越严重。

除了前面讲的四种功能之外，理想化形象还有第五种功能，它也与基本冲突有关。这种形象还有一种更为积极的作用，而不只是掩盖冲突中他所不愿接受的内容。它表现的是一种艺术性创造，可以使对立物显得协调，或者至少在患者眼中不再觉得那是冲突了。仅举几例就能说明它是如何做到这一点的。为了简明扼要，我会只说存在的冲突的名字以及它在理想化形象中的表现形式。

在X的内心冲突中，占主导地位的是顺从倾向——他非常渴求他人的喜爱和赞许，想被别人照顾，想变得有同情心、慷慨、贴心、仁爱。排在第二位的是自我孤立倾向，他厌恶合群，强调独立，畏惧联系，担心强迫。他的自我孤立倾向不断与对亲密关系的需求相冲突，结果再三干扰到他与女性的关系。另外，他还有明显的攻击性内驱力，其表现是他在所有事情中都想争第一，想间接地支配他人，有时又想利用他人，但却不能容忍别人干涉自己的生活。不用说，这些倾向大大地减损了他的求爱与交友能力，并且也与他的自我孤立倾向相冲突。由于他不知道这些内驱力的存在，便制造了一个理想化形象，它由三个角色组成：首先，他是一个很棒的恋人和朋友——女人眼中应该只有他一个人，没有谁比他更友善；其次，他是他那个时代最优秀的领导者，是人人敬畏的政治天才；最后，他是个伟大的哲学家、智者，能洞悉生活的意义和生存的终极价值。

这样一个理想化形象并非全是幻想出来的。患者在所有方面都有着很强的潜能。但他把潜能抬高成了自己已经做到的事实，变成了强大的、独一无二的成就。不仅如此，患者内驱力的强迫性被掩盖了，与之相反，他相信这是自己内在的品质与天赋。原本是对爱与赞许的神经症性需要，却被看成是爱的能力；原本是想出人头地，却被看成是天生高人一等；原本是自我孤立，却被看成是独立与智慧。最后也是最重要的，他的冲突是如此被“驱除”的：那些在现实生活中相互干扰并阻碍他实现自己潜能的驱动力，被他抬高到理论上完美的范围内，在他眼中变成丰富人格中相互协调的几个方面；它们所代表的基本冲突的三个方面被分隔到三个角色中，一同构成他的理想化形象。

另一个例子能更加清楚地说明把冲突成分分隔出来的重要性。[①]Y的主要倾向是自我孤立，这种倾向还比较极端，有着我

---

① 罗伯特·路易斯·斯蒂文森在《化身博士》中对双重人格有过经典描述。

们前一章描述过的所有表现。Y还有很明显的顺从倾向，但是Y自己却对此视而不见，因为那与他独立的需要极为相左。他又想变得极其优秀，这种努力偶尔会挣破压抑的外壳。此外，在他的意识中还渴求亲近人，这又不断与他的自我孤立相矛盾。他只有在自己的想象中才变得咄咄逼人、冷酷无情：他着迷地幻想着大规模的毁灭，恨不能杀死那些干预他生活的人；他直言不讳地宣称自己笃信丛林哲学——强权即是真理，自私自利，天经地义。然而，他在现实生活中，却相当胆小怕事，只在特定情况下才显露出他强硬的一面。

他的理想化形象是这样的一种奇怪组合：大多数时候，他是山间隐士，早已超凡入圣；偶尔，他又变为一个狼人，丝毫没有人性，一心杀戮。并且似乎这两种不相容的角色还不够，他还是理想的友人和恋人。

我们看到，在这个例子中，患者同样否认神经症倾向的存在，同样自我夸大，同样错把潜能当作现实。只是，在这个例子中没有企图去调和冲突，矛盾仍然存在。但是，和现实生活相反，这些倾向显得非常纯粹。因为它们相互隔离，所以互不干扰。这就是它最重要的一点。冲突便这样“消失”了。

最后一个例子的完美化形象更具统一性。在Z的现实行为中，攻击性占主导，同时还有虐待狂倾向。他总是颐指气使，爱利用人，征服一切的雄心驱使着他无情地前进。他善于计划、组织、争斗，并有意识地奉行一种不折不扣的丛林哲学。他也非常自我孤立；但由于他的攻击性内驱力总是使他陷入与他人的纠缠，所以他无法保持离群的状态。不过，他严防自己卷入任何与他人有关的联系，也不让自己享用任何由他人赠予的东西。这一点他做得相当好，因为他深深压抑了自己对他人的积极情感；而他对亲近关系的渴求也主要通过性的方式表现出来。然而，他还是有明显的顺从倾向，同时还有对赞许的需要，但这种需要又干扰了他对权力的追求。另外，在他内心深处还有一些道德标准，主要是用来钳制他人，但是，也会情不自禁地用到自己身上。这些标准自然与他的丛林哲学水火不容。

在他的理想化形象中，他是身着闪光甲胄的勇士，有着远见卓识，追求正义。他是一个英明的领导，不与任何人私下里亲近，而且赏罚分明，秉公办事。他诚实而不伪善。女人们爱他，他也是一个出色的情人，但绝不把自己拴在任何一个女人身上。这跟别的例子中一样，患者达到了相同的目的：把基本冲突的成分混合了起来。

由此可见，理想化形象是试图解决基本冲突的一种方式，其重要性至少与前面我描述过的其他方式相同。它有巨大的主观价值，作为一种障眼法，它使个体看不到冲突的存在，把被分裂的人格整合起来。虽然它只存在于患者心中，却对他与别人的关系有着决定性影响。

理想化形象可以说是一种虚构的或者幻想的自我。但这种说法只对了一半，因此是误导性的。在创造理想化形象时，患者凭借的是主观愿望，这一点很明显，尤其是我们考虑到患者在其余方面都是以现实状况为立足点的。但这并不表示理想化形象是完全虚构的。想象的成分中交织着非常现实的因素，现实因素也是决定性因素。理想化形象中通常包含着患者真实理想的印记。尽管夸大的成就属于幻想，掩藏其下的潜能却常常是真实的。更有可能的是，理想化形象产生自非常真实的内心需要，实现非常真实的功能，对患者产生实在的影响。它的产生由非常明确的规律所决定，这样，我们便能从它的具体特征中准确地推断出患者的真实性格结构。

但是，不管理想化形象中包括了多少幻想的成分，对于神经症患者本人来说，它都是真实的。这一形象越是坚实，他就越觉得自己就是这种理想化形象，而同时他的真实自我却相应地变得暗淡了。这种对现实情况的颠覆是必然会发生的，其原因恰恰是理想化形象所起到的作用。这些作用全都是为了抹去真实的人格，把聚光灯转向理想化形象上。回顾许多病人的病史，我们会看到，理想化形象的建立很多时候简直是救了他们的命，患者在理想化形象受到攻击时会反抗，这就解释了我们为什么可以说这种行为是完全合理或者至少是合乎逻辑的。只要对他来说理想化形象是真实且完整的，他就可以认为自己非同一般、高人一等、和谐统一，哪还会管这些感觉其实只是幻觉。基于他自认的高人一等，他便认为自己有资格强求和索取。但假如他允许自己的理想化形象被动摇，想到要面对自己的所有缺陷，不再有资格提各种特殊的要求，自己并没什么了不起的地方，甚至还会看不起自己，便会立马觉得自己受到了威胁。更恐怖的是，他要面对自己的冲突，极度害怕自己会被撕成碎片。实际情况是，这种处境可以给他机会让自己变得优秀，这要比理想化形象的所有光芒宝贵得多，这是他听到的真理，但在很长时间内这对他毫无意义。这只是在令他害怕的黑暗中跳跃。

理想化形象有如此巨大的令人推崇的主观价值，若不是因为它无法避免的巨大缺陷，它的地位会坚不可摧。首先，因为理想化形象是虚构的，所以它的整体建筑结构岌岌可危。这间藏宝室装满了炸药，使患者极度脆弱，不堪一击。只要收到外界的一丁点儿质疑或批评，只要他意识到自己无法达到理想化形象的标准，只要他窥见内心相互冲突的力量的作用，这间藏宝室就会爆炸或坍塌。他唯恐遭受这种危险，便只好限制自己的生活。他不得不回避那些得不到别人赞美和认可的处境。他不得不回避那些没有把握的任务。他甚至会对所有实际努力产生反感。对他这种天才来说，只要想到自己可能会画的画，便算是完成了一幅杰作。只有凡夫俗子才会靠实际努力达成目标；要他像张三李四王五一样，无异于承认自己是凡夫俗子，这简直是一大耻辱。而实际上不付出努力就不可能有所收获，他的态度恰恰使他被驱使着与要达到的目标更加遥不可及。于是，他的理想自我与现实自我之间的差距更加悬殊。

他不断地期待着别人对他的各种形式的肯定，包括认同、赞美、吹捧等——然而这些只能给他暂时的安慰。他可能会潜意识地厌恶每一个专横或者在某个方面比他强的人，比如更有主见、内心更加平和、更见多识广等，因为这种人威胁着他的自我评价。他越是死命地认为自己就是那种理想化形象，他的这种厌恶便愈加强烈。或者，如果他本人的傲气被压抑了下去，他就可能会盲目崇拜那些声称自己很重要并且举动非常盛气凌人的人。他喜好的是投射在他们身上的自己理想化形象的影子，但是他必定会失望，因为他迟早会发现自己崇敬的那些神原来只关心他们自己，在他看来，他们只关心他在他们的祭坛里烧了多少炷香。

或许，最糟糕的问题是理想化形象会使个体远离自我。只有远离自我，我们才有可能压抑或消除自我的重要组成部分。这是在神经症的发展过程中逐渐产生的一种变化，而神经症虽然自有其基本属性，却是在不知不觉中发生的。个体完全忘记了自己真正感受到的、喜好的、排斥的、相信的是什么——简而言之，他忘记了真实的自我。忘记了真实的自我，他便按照理想化形象生活。比起那些临床描述，詹姆斯·马修·巴里在《汤米与格丽泽尔》一书中塑造的人物汤米更好地展现了这一过程。当然，如果患者不是陷入由无意识的托词和合理化作用编织的“蜘蛛网”中，也不会有这种行为，也不会过得朝不保夕。患者失去了对生活的兴趣，因为他并不是在过自己的生活；他不能做出任何决定，因为他不知道自己真正想要的是什么；如果困难增多，他会充满一种不真实的感觉——这也正是他的自我一直处于异化状态的鲜明表现。要理解这种状态，我们必须认识到遮蔽内心世界的那一层虚幻必然会扩展到外部世界。最近，有位病人用这句话概括了整个情形：要不是现实世界的不断干扰，我本来可以过得很好。

最后，虽然理想化形象的存在是为了消除基本冲突，且它在有限的范围内达到了这一目的，但它同时也在人格中造成了新的裂隙，其危险性比起原来的更胜一筹。大致来说，个体为自己构建起理想化形象是因为他不能容忍自己的真实形象。理想化形象显然是用来抵消这种不幸的；但是，把自己放在理想化形象的位置上之后，他便更加不能容忍他的现实自我，既而开始因此恼怒，并且因为达不到对自我的要求而暴躁。于是他在自我欣赏和自我歧视之间，在理想化形象与真实形象之间摇摆，找不到一个坚实可靠的中间地带。

于是，便发生了新的冲突，一方面是他的强迫性的、相互矛盾的努力，另一方面是由于内心失调所造成的内心决断。他对这种内心决断的反应，跟一个人对政治上的独裁所做的反应一样：他可能认同这位独裁者，也就是说，他感到自己真的是内心所宣称的那般了不起和完美；或者，他会踮起脚尖以达到它的要求；或者，他会对抗这种内心的强制，拒绝承担它强加于自己的责任。假如他的反应是第一种，我们看到的便是“自恋者”的表现，他受不了别人的批评；他的实际存在的裂隙并不为自己的意识所察觉。假如他的反应是第二种，我们看到的表现则是一个至善的人，即弗洛伊德所说的超我型。在第三种反应中，患者表现为拒绝对任何人和事承担任何责任；他往往会变得行为古怪、不负责任、消极。我之所以慎重地使用“表现”这个词，是因为无论他是何种反应，从根本上来说他一直都是焦躁不安的。甚至就是那些本来认为自己“自由”的反抗型患者，也会在那种他想推翻的强加于自己的标准下努力工作；他也用这种标准去要求他人，只有这时才能说明他还受制于自己的理想化形象。[①]有时，患者会在两个极端中来回反复。比如，他可能在某个时期内想当大好人，但从中没有得到什么安慰，便180度大转弯地走向其反面，坚决反对这种“大好人”的标准。或者，他会从极度的自我崇拜一下子转到完美主义。更多时候，我们看到的是这些不同态度之间的结合。它们都指向一个事实——用我们的理论不难解释这个事实，那就是：这些尝试中没有任何一种是令患者满意的，它们都注定会失败；我们应当把它们看作患者不顾一切地想摆脱难以忍受的处境而采用的手段；在其他任何无法忍受的情境中，我们都会尝试截然不同的手段，一种不行，便用另一种。

所有这些后果共同形成了阻碍患者真实发展的强大障碍。患者不能从错误中吸取教训，因为他看不到自己的错误。尽管他否认这一点，但他注定会对自己的成长失去兴趣。在谈到成长时，

---

① 参见第十二章“虐待狂倾向”。

他心里只有一种潜意识的想法——创造出一个更完美的理想化形象，一个完美无瑕的形象。

因此，治疗的任务是使患者意识到他的理想化形象的详细情况，帮助他逐渐理解理想化形象的所有功能和主观价值，让他看到它必然带给他的痛苦。然后，患者会开始扪心自问他那样做是不是代价太高了。但是，只有当患者不再需要创造理想化形象时，才能最终放弃它。

第七章　外化作用

我们已经看到，神经症患者为了缩小真实形象与理想化形象之间的差距而选择进行伪装，他所有的伪装措施最终只会使这种差距更加悬殊。但由于理想化形象有如此巨大的主观价值，他必须坚定不渝地继续努力并对其做出妥协。为了做到这一点，他有很多种方式，其中的一些方式将放在下一章讨论，我们这里只探讨一种不大为人所知的，但对神经症结构的影响却尤为深刻的方式。

我把这种方式叫作外化作用，我指的是这样一种倾向，患者把内心过程想象为发生在自身之外的事情，并且通常认为是这些外在因素导致了自己的麻烦。它与理想化形象一样，目的也是回避真实的自我。但理想化形象对现实人格的润色和再造停留在自我的范围内，而外化作用意味着完全抛弃自我。简言之，患者在理想化形象中可以找到逃避基本冲突的避难所；但是，当现实自我与理想化自我之间的出入太大，难以承受精神的紧张时，他便不能再从自己这里找到解决办法，于是，他唯一能做的便是彻底逃离自我，把一切都看成发生在自身之外。

这种现象有一些属于投射行为，指的是把个体问题客体化。[①]这个词在被使用时，通常指的是把自己主观上拒斥的各种倾向或品质归咎于他人，并认为是别人的责任，比如明明自己有不忠、充满野心、支配他人、自以为是、温驯等倾向，却怀疑别人有这种倾向。在这个意义上，投射作用一词用得完全正确。然而，外化作用是一种更加全面的现象；推责只是其中的一个方面。个体不仅把过失当作发生在别人身上的事情，还在一定程度

① 这一定义由E.A.斯特勒克和K.E.阿贝尔提出，见《发现我们自己》，麦克米伦出版公司，1943年。

上把自己所有的感受都当作发生在别人身上的事情。一个有外化倾向的人，会对弱小国家的被压迫者深感不安，但却不能意识到自己受到的压迫。他可能感受不到自己的绝望，但对别人的绝望却感同身受。就此而论，很重要的一点是他意识不到他对自己的态度。比如，实际上，他对自己恼怒时，会觉得是别人在对他恼怒。或者，他会把自己对自己的恼怒当作对别人的恼怒。此外，他不仅会把自己的不安，还会把自己的好心情或者成就都归因于外在因素。他把挫折看成命定，把成功当作天成，把好心情归因于好天气，等等。

如果一个人觉得自己生活的好坏皆取决于他人，那他自然会一心想改变、改造、惩罚、影响他人，或者保护自己不受他人的干涉。这样一来，外化作用便导致了其对他人的依赖——但是，这种依赖不同于对爱的神经症性需求所造成的依赖。它还导致了对外在环境的过度依赖。这个人是住在城里还是乡下，有什么样的饮食习惯，习惯早睡还是晚睡，任职于哪个团体——都会变得异乎寻常的重要。这样，他便具有了荣格所谓的外倾性。但荣格把外倾性看作气质倾向的片面发展，而我却认为这是个体试图用外化作用消除冲突的结果。

外化作用的另一个不可避免的产物是一种痛苦的空虚和肤浅

感。但这种感受又一次被放错了位置。个体不是感到情感上的空虚，而是感到胃部的空虚，于是通过强迫性的进食来驱除这种感觉。或者，他会害怕自己体重不足，这会使他像羽毛一样被吹得到处飘摇——他觉得，狂风一来便会把自己卷走。他甚至会说，如果对自己彻底分析一番，那他将什么都不是，空剩一副躯壳。神经症患者的外化倾向越是彻底，他就越像是一个幽灵，只能到处飘摇。

以上就是外化作用的内涵。现在让我们来看看它是如何帮助缓和真实形象与理想化形象之间的紧张状态的。不管患者在意识层面怎样看待自己，这两者之间的分歧都会在潜意识中造成痛苦；并且患者越是把自己认同为理想化形象，这种潜意识反应的程度便越深。大多数时候，这种反应表现为自我鄙夷和自我恼怒，并感到压迫；这些感觉不仅极度痛苦，还以各种方式削弱了他的生活能力。

自我鄙夷的外化表现形式可以是藐视他人，也可以是感到被他人藐视。两者常常并存；至于哪种形式更突出，或者至少更有意识，这取决于神经症性格结构的整体情况。个体的攻击性越强，越觉得唯我独尊，便越容易藐视他人，脑子里越不会有被别人藐视的感觉；相反，个体的顺从性越强，他因没能企及理想化形象的高度而产生的自责情绪便越容易使他觉得自己一无是处。后者带来的影响有很大的危害性。它使个体变得羞怯、做作和退缩。它使人对一丁点儿的爱或赞美都会感恩戴德，简直到了卑躬屈膝的地步。同时，他也认识不到真诚友善的存在，却昏然地把它们当作自己不配拥有的施舍。他在盛气凌人者面前会变得束手无策，因为他自身在某种程度上就跟他们的想法一样，认为自己理所应当被蔑视。自然而然地，这些反应滋生了怨恨，一旦被压抑，然后日积月累，就会有很强的爆发力。

尽管如此，以外化形式体验自我鄙夷还有它独特的主观价值。个体的自我鄙夷会摧毁他所有虚假的自信，把他推到崩溃的边缘。虽然被他人鄙视也非常痛苦，但个体总还有希望改变他人的态度，总还有可能以德报怨，或者总还可以在心中暗地里认为别人不公平。但如果是自己瞧不起自己，那便连一点儿希望和可能都没有了。神经症患者在潜意识中对自己的所有绝望感都会凸显出来。他不仅会开始藐视自己的弱点，还会感到自己整个人都很可鄙。于是，连他的优点也被带到了这种自我鄙夷的深渊。换言之，他会感到自己就是自己最鄙视的那种形象；他会把这看成无法改变的事实，自己已无可救药。这让我们认识到，在治疗过程中不要去触碰患者的自我鄙夷，等到他的绝望感已衰退，并且放松了对理想化形象的死守时，再去触碰。只有此时，患者才可以面对它，并且开始认识到自己的卑微并不是客观事实，而是自己的主观感受，是因自己严苛的标准而产生的。在对自己宽容一些之后，他会明白这种情形并非无法改变，那些他所反感的品质并非真的可鄙，而只是他最终能够克服的困难。

只有认识到患者的这种认为自己就是那种理想化形象的幻觉对他来说是多么重要，我们才能理解他对自己的恼怒，以及这种恼怒的方方面面。事实上，他不仅对自己无法企及理想化形象的高度而感到绝望，简直怒不可遏，这是因为他总是赋予理想化形象以万能的属性。不管他在童年时多么命途多舛，自以为万能的他，认为自己应当有能力排除一切障碍。尽管他在理智上认识到了自己神经症性纠结的严重程度，但他还是会因为自己没能排除这些纠结而感到极为恼怒。在他面对相互冲突的内心驱动力，并且意识到哪怕是他也不可能实现相互矛盾的目标时，这种恼怒便会达到巅峰。这就是为什么他一旦突然意识到冲突，便立马会陷入恐慌状态的一个原因。

自我恼怒有三种主要的外化表现形式。第一种表现形式为当患者毫无节制地表露敌意时，就可以轻易地表露出怒意。这样，它就变成对他人的怒意，表现出来要么是普遍意义的愤怒，要么是对他人身上那种自己所厌恶的、自身也有的缺点的具体意义的愤怒。下面这个例子能很好地说明这一点。这个患者抱怨丈夫做事优柔寡断。由于涉及的事情无关紧要，她的愤怒就显然不合时宜。在了解到她自己就非常优柔寡断之后，我就暗示她，她的抱怨恰好暴露了她对自己的优柔寡断的毫不留情的指责。听我这么一说，她突然发疯似的怒火中烧，恨不能把自己撕成碎片。事实上，在她的理想化形象中，她是那么果断，所以她根本不能容忍自己身上有任何软弱之处。很典型的是，她的这种戏剧性的反应在第二次访谈时却被全部忘掉了。她好像突然发现了自己的外化倾向，但还没做好放弃它们的准备。

第二种表现形式为患者无休止地有意识或潜意识地害怕或期望那些自己无法容忍的过失会激怒他人。患者如此确信自己的某种行为会激起他人的敌意，以至于如果他没有遭遇别人的敌对反应，反倒会不知所措。比如，有位患者的理想化形象是想当一个像雨果的《悲惨世界》中的那位主教一样的大善人，结果令她吃惊的是，她发现，每当她立场强硬或者发怒时，人们反倒比她表现得像圣人似的时候更喜欢她。我们从这种理想化形象中能够猜到，患者的主导倾向是顺从。她的顺从倾向产生自对亲近他人的需要，又由于她对敌意的期待而大大增强。顺从倾向的增强实际上正是这种外化表现形式诸多影响中的一种主要影响，也显示出了神经症性倾向是怎样不断地在恶性循环中相互增强。在这个案例中，强迫性顺从由于圣人式的理想化形象而得以增强，驱使患者更加自我轻视。由此而产生的敌意冲动激起了对自我的愤怒，而怒意的外化使她更加畏惧他人，这反过来又加重了她的顺从倾向。

自我恼怒的第三种表现形式针对的是躯体的不适。当患者还未意识到他是在对自己恼怒时，显然会引起相当严重的生理紧张状态，可表现为肠胃不适、头痛、疲乏等。一旦有意识地感受到了这种自我恼怒，我们会发现，他所有的这些症状便会闪电般消失。大家可能会不解，究竟是该把这些生理性表现称为外化作用，还是该把它们仅仅当作被压抑的愤怒所产生的生理性结果。但我们很难把这些表现同患者对它们的利用区分开来。通常情况下，他们总是迫不及待地把精神问题归咎于躯体的不适，从而又归咎于外在的因素。他们总想去证明自己没有精神问题；他们只是因为吃错东西而肠胃不适，或是因为过度劳累而疲乏，或是因为空气潮湿而关节炎发作，等等。

至于患者通过外化自己的愤怒会有何收获，我们可以说它与自我鄙夷一样。不过，有一点还需要特别提一下。我们很难充分理解他会走向何种结局，除非我们认识到患者这些自我破坏性冲动的真正危险。在第一个案例中，患者只是暂时有过撕碎自己的念头，但精神错乱者真的会这么做，可能会自残。[1]若不是因为外化作用，可能会有更多的自杀事件发生。我们可以理解，弗洛伊德认识到了自我毁灭性冲动的力量，竟提出了自我毁灭性本能（死本能）——但是这一概念阻碍了他真正地理解自我毁灭行为，从而阻碍了有效的治疗方法。

内心驱迫的强烈程度取决于理想化形象的权威性控制对患者人格的钳制程度。对这种压力做再高的估计也不为过。它比任何外部驱迫都可怕，因为后者起码还允许患者有内心自由。病人大多意识不到这种驱迫感，但是，一旦这种驱迫感被消除，病人便如释重负，获得内心的自由。此时他便能判断出其力量的强大。这种驱迫感可以通过对他人施压而进行外化。这与对支配地位的神经症性渴求的外在表现相同，但是，两者的区别在于，驱迫感代表的是内心压力的外化，并不主要是要求别人服从。它主要还

---

① 卡尔·门林格尔对这一点列举了大量实例予以说明，参见《人对抗自己》，哈考特·布拉斯公司，1938年。不过，门林格尔是从一种截然不同的角度来探讨这个主题的，因为他依循弗洛伊德的学说，认为人有自我毁灭性本能。

是为了把使自己恼怒的标准强加于他人——而不考虑别人快乐与否。清教徒式的心理正是一个众所周知的例子。

还有一种同样重要的外化形式，它表现为患者对外部世界中哪怕一丁点儿类似于威胁的东西都神经过敏。每个善于观察的人都知道，这种过度敏感很常见。它并非全部发自自我施加的驱迫。通常还有这种成分，即患者在他人身上看到自己对支配的需要，因此而愤恨难平。在超脱型人格中我们主要想到的是患者强迫性地坚持自我孤立，这必然使他对任何外在压力都非常敏感。把潜意识中自我施加的束缚外化是一种隐藏得更深的病因，在分析治疗的过程中更经常被忽视。这尤其令人遗憾，因为它常常会在患者与医生的关系中形成一股颇有影响力的暗流。即使医生已经分析了使他在这一点上如此敏感的那些显而易见的原因，病人还是会拒不接受医生的建议。在这种情况下发生的毁灭性较量尤为激烈，因为分析医生实际上确实想使患者发生一些改变。他真诚地表明自己只是想帮助患者找回自我，找回生命中的内心之泉，但他丝毫不为所动。患者会不会屈从于医生无意之间造成的影响呢？事实上，由于他不知道自己“真正”是什么样，也就可能无法抉择应该接受什么或者拒绝什么，医生并不需要因为不想强加给患者自己的观念而谨言慎行，因为他这样做与否并没什么差别。由于患者也不知道自己是苦于内心驱迫才表现出特定的行为模式，所以只好青红不分地反对外界任何试图改变他的想法。自不必说，这种无效的斗争不仅见于分析治疗的过程中，在任何亲密关系中都必然会或多或少地发生。只有对患者的内心活动进行分析才能最终终结这种行为模式。

使问题复杂化的是，患者越是屈从于他的理想化形象的苛刻要求，便越会外化表现这种屈从。他因此会急不可耐地想达到分析治疗师——或其他任何人——对他的期望，或者说是他自以为的他们的期望。他会表现得非常顺从可欺，但同时又积聚着对这种“驱迫”的怨愤，其结果可能是他最终会把每个人都看作处于支配地位的角色，于是对谁都非常怨愤。

那么，个体通过外化表现自己的内心束缚能从中得到些什么呢？只要他相信内心束缚来自于外界，他就能够奋起反抗，哪怕只是做到了心中有数。与之类似，他可以回避外界强加的限制，维持一种自由的幻觉。但更重要的是之前所提到的因素：承认内心驱迫感就等于承认了自己并非理想化形象的样子。从而，这会引出诸多麻烦。

这种内心压力是否表现为生理症状以及症状的程度如何，倒是个有趣的问题。我个人认为，它与哮喘、高血压、便秘等有关，但我在这个方面的经验并不丰富。

剩下来要讨论的是与理想化形象相反的各种特质的外化表现。总的来说，这受到的是单纯的投射作用的影响——也就是，患者觉得那都是他人的特质，或者认为这些特质都是由他人所造成的。这两种过程并不一定相伴发生。在后文所举的例子里，我们将不得不重提一些在这一点上已经讨论过的事情，以及其他一些众所周知的事情，但这些实例可以帮助我们对投射的意义有更深入的理解。

A是一个好酒贪杯之徒，总抱怨他的情人对自己不够体谅。在我看来，他的抱怨站不住脚，或者真实情况根本没到A所说的那种程度。在局外人看来，A本人的内心冲突就十分明显：一方面，他屈从迁就，性情温和，慷慨大方；另一方面，又咄咄逼人，待人苛刻，狂妄自大。于是，就会发生攻击性倾向的投射作用。但是他的这种投射作用有何必要呢？在他的理想化形象中，攻击性倾向只不过是强硬型人格的一种自然成分。然而，其中最突出的特质还是善良——自圣方济各[①]以来还没有谁像他一样善良，也找不出谁比自己更像一个完美的友人了。这种投射作用是

① 意大利方济各会创始人，德行出众。——译者注

不是对理想化形象的讨好呢？当然是！但它也使他可以在不知不觉中表现出自己的攻击性倾向，从而免于遭受内心冲突。我们在这里看到的这个人陷入了进退两难的境地。他不能摒弃自己的攻击性倾向，因为它们在本质上是强迫性的。但他也无法放弃自己的理想化形象，因为有它之后他的人格才不至于分裂。投射作用便是走出困境的一条道路。如此一来，这种投射作用就代表了一种潜意识层面的双重性：它既能够使他提出各种狂妄自大的要求，同时也能具备理想友人的各种品质。

这个患者还怀疑他的情人对他不忠。这种猜疑毫无根据——她爱他就像母亲爱儿子一样。事实上，他自己倒有拈花惹草的癖好，只是秘而不宣。这里，我们可以认为他的抱怨是他以己度人而产生的一种报复性恐惧。他自然就有了为自己辩护的必要。是否可能有同性恋倾向的投射作用呢？这种考虑也无助于说明情况。线索还是在他对自己的不忠所持的古怪态度。他并没有忘记自己的风流韵事，只不过是在回忆时不能再现这种记忆罢了。它们不再是活生生的生活体验。相反，对他声称的情人的不忠，他倒说得活灵活现。这里发生的便是他对自身经历的外化作用。其功能和上一个例子一样：使他既可以维持理想化形象，又可以为所欲为。

政治性及各种专业性团体中的权力游戏可以作为第二个例子。玩弄权术常常是在意识层面想削弱对手、巩固自己的地位。但也可能是在潜意识层面的进退两难，类似于上面那个例子。如果是这种情况，那么，玩弄权术便是一种在潜意识层面的双重性的表现。它使得我们既可以在争斗中运用阴谋诡计，玩弄权术，又可以不让理想化形象留下污点，同时它又给我们提供了一种绝妙的方法，可以使我们把对自己的所有恼怒和轻视都倾倒在别人头上——更绝妙的是，先倾倒在那些我们想击败的对手头上。

作为总结，我想指出一种常见的方式，那就是把责任推到他人身上，尽管他人身上根本没有我们遇到的那些问题。许多病人一旦认识到了自己的问题，就会立马开始说自己的童年经历，认为这是造成他那些问题的原因。他们会说，他们现在对驱迫感非常敏感，是因为他们有一个咄咄逼人的母亲。他们现在很容易感到屈辱，是因为童年时受过羞辱；他们报复心很强，是因为幼时受到的伤害；他们很内向，是因为小时候没有人可以理解自己；他们的性压抑是因为从小被清教徒熏陶、教养；等等。我这里要说的不是医生与患者通力合作去理解童年经历的影响，而是对分析童年经历的过分关注会使他们一无所获，只能原地打转，并且会对当前作用于患者内心的各种力量失去探索的兴趣。

由于弗洛伊德对遗传性的异常强调支持了患者的这种态度，所以让我们来仔细检查一下这其中有多少是真理，又有多少是谬误。诚然，患者的神经症始于童年时期，而且他所能提供的所有信息都涉及他对自己已有的具体发展类型的理解。的确，他也不是神经症的罪魁祸首。环境的影响使他身不由己，只能发展成现在的样子。由于下面要讨论的诸多原因，医生应当把这一点向病人讲明白。

患者错就错在不关注那些以童年经历为基础、在他内心已经形成的冲突性力量。然而，此刻却正是这些力量在他身上起作用并且导致了他当前的各种困难。比如，他小时候见过太多虚伪，这可能是他现在愤世嫉俗的原因之一。但如果他只把自己的愤世嫉俗归咎于自己的童年经历，他便忽视了自己目前对愤世嫉俗这种特质的需要——这种需要发端于他在不同理想之间左右为难的局面，为了解决这种冲突才干脆将一切价值观念弃而不顾。此外，他总是在自己负不了责任的时候去承担责任，而在应该负责时却又拒不担责。他总是在提童年经历，就是为了告诉自己，他的那些失败是身不由己，同时他还觉得自己本应该历经童年困苦却仍毫发无损，就像莲花出淤泥而不染。对此，在某种程度上要怪他的理想化形象，因为它使患者接受不了自己过去或现在存在缺陷或冲突。但更重要的是，他对童年经历的喋喋不休是一种逃避自我的特殊方式，这使他仍能维持勤于自审的幻觉。但由于他把问题外化了，所以感受不到作用于内心的各种力量；他也无法把自己看成是自己生活中的主动者。既然自己不是推进器，那么只好把自己看作一个被推下山坡的球，只能一直往下滚动，或者看作一只实验用的豚鼠，一旦设定好实验条件，命运便永远被注定了。

患者对童年时期经历的片面强调是其外化倾向的确切表现，因此，每当我见到这种态度时，我便知道，这个患者已完全偏离了自我，并且还继续被驱迫着远离自我。我的这个推断还没出过错。

在梦中也有外化倾向的作用。如果患者梦见他的分析治疗师是一个监狱看守，或者梦见丈夫把自己想通过的那扇门一下子关上了，或者梦见在通向自己很想去的目的地的路程中受到意外或障碍的干扰，那么这些梦就代表着患者试图否认自己的内心冲突，想把它归咎于外在的因素。

那种外化倾向泛化的患者给分析治疗带来特殊的困难。他来看病就好像看牙医一样，只是期待着分析治疗师去进行治疗，而治疗过程却跟自己没太大关系。他对妻子、朋友、兄弟的神经症都很感兴趣，但对自己本人的神经症则全然不顾。他对自己生活环境中的各种困难处境可以大说特说，却不愿思考自己在其中的表现。若不是他的妻子有这么严重的神经症，或者若不是他的工作这么令人烦心，他便相当正常。在很长一段时间内，他都完全意识不到情感力量对他的内心可能造成的影响；他害怕鬼魂，害怕盗贼，害怕暴风雨，害怕周围有报复心的人，害怕政治风云，但从不害怕自己。他最多会因为自身问题给自己带来的思维或艺术上的乐趣而关注到它们。但是可以说，只要他在精神层面没有存在感，他就不可能把从中得到的任何见解运用于自己的实际生活，因此，虽然他比别人更加了解自己，但还是不能做出什么改变。

所以说，外化作用本质上是一种自我消灭的积极过程。它之所以能做到这一点，是因为病人疏离了自我，而这无论如何都是神经症所固有的。随着自我的消灭，内心冲突也自然会被逐出意识范畴。但是，外化作用使患者更加喜欢责难他人、报复他人、畏惧他人，结果内心冲突就被取而代之为外在冲突了。更明确地说，外化作用大大地加剧了最早引起整个神经症过程的那些冲突，即个体与外部世界的冲突。

第八章　虚假和谐的辅助手段

一个谎言需要无数个谎言去掩盖，直到撒谎之人被紧缚在由谎言织就的网中无法脱身。这种情形屡见不鲜。个体或群体如果缺乏对问题寻根究底的决心，那么在生活中便随时可能遭遇这类事情。表面的修补或许也有点儿用，但是它会产生新的问题，这反过来又需要找到另一种权宜之计来应付。神经症患者在试图解决基本冲突时就处于这样一种局面。神经症患者身上并没有出现任何有用的东西，尽管当前的情况发生了巨变，但最初的问题还是会冒出来。神经症患者所做的却是身不由己地在一个虚假的解决方案上再叠加一个虚假的解决方案。如我们所见，他可能会试图突出冲突中的某个方面，但他还是像之前一样处于分裂状态。他可能干脆完全自我孤立；虽然冲突被他从生活中驱除，暂时不能影响他的生活，但是他却令自己的整个生活岌岌可危。他创造了一个胜利的、人格统一的理想化自我，但同时也制造了一条新的裂隙。他试图通过把自我从内心战场中消除掉的方式来填补那条裂隙，结果却陷入了更加难以忍受的困境。

这种平衡状态如此不稳定，以至于患者需要采取更多措施。于是他会求助于许多无意识的措施，这些措施包括盲点作用、隔离作用、合理化作用、严格的自我控制、自以为是、捉摸不定、愤世嫉俗等。我们不打算逐一探讨这些现象——因为这会是一项非常艰巨的工作，我们只说明患者在应对冲突时是怎样运用这些措施的。

神经症患者的实际行为与他的理想化形象之间的差别如此明显，以至于我们很奇怪患者自己居然看不到这一点。他不仅看不到，哪怕是那些矛盾就出现在他眼前，他也浑然不知。这种盲点作用是最为明显的矛盾，它最先使我注意到了冲突的存在及与它相关的问题。比如，有一个患者，他具有顺从型的所有特点，认为自己是个耶稣式的大好人，有一次却很随意地跟我说，他恨不得在员工会议上动下手指把那些同事一个个全给毙了。诚然，诱发这种象征性杀人行为的毁灭性渴求在当时是潜意识的；但重点是，被他戏称作“游戏”的这种杀人行为，一点儿也不影响他圣徒般的理想化形象。

另一个患者是位科学家。他认为自己献身于科学，是所在领域的革新者。但在决定应该公开哪些研究成果时，他的动机纯粹是想碰运气，只发表那些他认为会得到最大反响的论文。他并不试图掩饰这一点——而是心甘情愿地十分明显地表现出这一点，就像上文描述的那个患者一样，他完全不清楚这中间的矛盾。与之相似，有这样一个人，他在理想化形象中是非常善良与坦率的，即使是拿一个姑娘的钱去花在另一个姑娘身上，他也没觉得有什么不妥。

很显然，在上述的每个案例中，盲点作用的功能都是使患者无法意识到自己的内心冲突。令人惊叹的是，这种情况发生的范围如此之广，因为这几个患者不仅有文化，而且还有心理学知识。仅仅说我们所有人都倾向于不理睬那些我们不想看到的东西，这种解释显然不充分。我应该补充一句：我们对事物视而不见的程度，取决于我们对这么做的兴趣有多大。总而言之，这种人为的盲点作用直接表明了我们是多么不愿意承认内心冲突的存在。但是这里真正的问题是，我们怎样才能做到对前面说的那种显而易见的矛盾熟视无睹呢？事实上，如果没有某些特殊条件，这的确是不太可能。其中一个条件就是对我们自己的情感经历过于麻木。另一个条件也曾被斯特勒克指出过，即在生活中对什么都分得很清。斯特勒克也描述过盲点现象，他还谈到了逻辑严谨的分隔与隔离。患者在对待朋友和对待敌人、对待家人和对待外人、对待工作和对待个人生活、对待身份相当者和对待身份较低者时都分得一清二楚。所以对神经症患者而言，这个范畴内的事与另一个范畴内的事根本矛盾不起来。只有在患者由于冲突而丧失了统一感时，他才可能以这种方式生活。因此，分隔与隔离只是一种因为不愿想到内心冲突而使自己的人格被冲突分裂的结果。这个过程与理想化形象中的情况并没什么不同：矛盾依然存在，但冲突已然遁去。很难说是理想化形象导致了分隔与隔离作用，还是分隔与隔离作用导致了理想化形象的产生。不过，看来似乎可能是这样，分隔与隔离的生活方式更加根本，它是理想化形象产生的原因。

想搞清楚这种现象，必须考虑文化性因素。在复杂的社会系统中，人在很大程度上已变成了一个小小的螺钉，对自我的疏离几乎比比皆是，人的价值本身也一落千丈。由于在我们的文明中有着数不清的严重矛盾，便形成了道德感普遍的麻木性。例如，道德准则如此令人不屑一顾，以至于当我们看到今日虔诚的教徒或慈爱的父亲在明日却有着江洋大盗的行径时，便一点儿也不会感到奇怪。我们在周围找不到什么内心完整、人格统一的人来衬托我们自己的分裂状态。在精神分析的过程中，弗洛伊德并没在意道德价值——这是因为他把心理学看成一门自然科学——这使得他把分析治疗师变得跟患者一样，都对这种矛盾视而不见。分析治疗师认为如果自己有道德价值观或者是表现出了对病人道德价值观的兴趣，这是一种非常“不科学的”的行为。事实上，许多理论构想都承认矛盾，这些理论也不一定只局限在道德的范围内。

合理化作用可以定义为通过推理过程达到自我欺骗的目的。一般认为，合理化作用主要是为了自我辩护或者是为了使自己的动机以及行为与普遍接受的观念相一致，这种看法只在一定程度上是正确的；因为这暗示了生活于同一文明中的人都按照同一准则进行合理化，但事实上人们合理化的内容却因人而异，用到的方法也各不相同。如果我们把合理化作用看作一种试图创造人为和谐状态的行为的话，这就再自然不过了。在围绕着基本冲突搭起的脚手架的每块木板上，都在进行着合理化作用。患者的主导态度通过推理得以加强——他减少或改变有可能使自己看到冲突的各种因素，以适应这种态度。这种自我欺骗的推理过程有助于粉饰人格，这一点在我们对比顺从型与攻击型个体时便显露端倪。前者把助人的欲望归结为自己的同情感，尽管他有很强的支配欲；如果这种支配欲太过明显，他便会将其合理化为对他人的关心。而后者在帮助别人时坚决否认自己有任何同情心，只是顺便为之。理想化形象总是需要大量合理化的行为为其提供支持：必须用推理的手段使真实形象与理想化形象之间的差异不复存在。通过外化作用，患者用合理化手段证明这是由外部环境所造成的，或表明他不能接受的自己身上的那些特征只不过是对他人行为的一种“自然”反应。

患者严格的自我控制倾向如此强烈，以至于我一度把它当作原始的神经症倾向。它的功能是作为一条堤坝，防范矛盾情感的泛滥。虽然它在最初常常是一种有意识的意志行为，但后来便逐渐变得有些自发了。那些表现出严格的自我控制的患者不会允许自己为任何事情所左右，无论是热情、性欲、自怜还是愤怒。在分析治疗过程中，他们很难自由联想；他们不会允许通过喝酒让自己情绪高涨，并且通常倾向于忍受疼痛而不是接受麻醉。简而言之，他在努力检验自己的一切自发性行为。这种特征最明显地表现在那些冲突相当外露的患者身上，这些患者没有采取任何一种通常情况下有助于掩盖冲突的办法；他既没有给冲突态度中的任何一方以主导地位，也没有充分保持自我孤立来使冲突无法起作用。这些患者全凭理想化形象保持着人格整合的状态；显然，如果没有帮助他建立内心统一感的那些主要措施，单单理想化形象的凝聚力量是远远不够的。当理想化形象本身就包含了很多矛盾因素时，它尤其显得无能为力。那时，就需要有意识或潜意识地使用意志力去控制住那些矛盾性冲动了。由于破坏性最强的就是由愤怒引起的暴力冲动，所以他就要用最多的精力来控制愤怒情绪。这样就形成了一个恶性循环：愤怒由于被压抑，而积聚起爆发性的力量，反过来又需要更严格的自我控制来把它压制下去。如果患者注意到了这种过于严格的控制，他便会辩解说自我控制是任何文明人都必不可少的美德。他所忽视的是他的这种自我控制的强迫性。他身不由己地进行着严格的自我控制，如果出于各种原因还是起不到作用，他便会惊恐不已。他的惊恐可表现为对精神失常的恐惧，这就清楚地表明自我控制的功能就是抵挡人格被分裂的危险。

自以为是有两重功能，既能消除内心的疑虑，又可消除外界的影响。疑心重重与优柔寡断都是未被解决的冲突一定会导致的结果，它们足以严重到使患者做不了任何行动。在这种状态下，患者自然容易受到影响。当我们对自己真的非常确信时，便不会被随意地摆布；但假如在一生中，每当站在十字路口时我们都不知道该走哪条路，那么，外部因素就会轻易变成其决定因素，哪怕只是暂时的力量。此外，优柔寡断指的不光是一种行为过程，也包括对自我、对自身权利与价值的怀疑。

所有这些不确定感都减损了我们应对生活的能力。不过，很显然并不是每个人都对这种不确定感感到无法忍受。个体越是把生活看成一场残酷的战争，就越会把疑虑当成一种十分危险的弱点。个体越是自我孤立，越是坚持独立，就越会因为易受外界影响的特点而被激怒。我所有的观察结果都指向这个事实：攻击性主导倾向与孤独性倾向相结合是最有利于形成自以为是表现的沃土。攻击性倾向越是趋于表面，自以为是的表现便越强烈激进。这其中包含了患者想通过武断固执地宣称自己永远正确来一劳永逸地平息掉冲突的企图。这个系统如此受到合理化作用的统治，以至于情感成了内心的叛徒，患者不得不仔细检查，严防它的发生。这样做或许可以获得平静，但那是一种坟墓式的平静。所以，不难想到，这类患者厌恶分析治疗，因为这可能有扰乱他所谓的有序画面的危险。

另一种与自以为是几乎相反，但也跟它一样可以有效地掩盖冲突的措施是捉摸不定。倾向于使用这种防御措施的患者常常像是童话故事里的角色，如果你要捉他，他就变成一条鱼；如果他觉得自己的样子不安全，就变成一只鹿；假如猎人追上了他，他便化作一只小鸟飞走。你永远无法确定他们说过哪些话；他们要么否认说过这些话，要么跟你保证他们并不是那个意思。他们有使问题变得模糊的特异功能。通常不太可能让他们对某一事件表达一种固定的说法；即使他们真的这么做了，听者到头来还是不清楚到底发生了什么。

在他们的生活中这种困惑感也很普遍。他们这一刻还凶神恶煞，下一刻又心生怜悯；这会儿还过分地体贴，过会儿又非常冷酷无情；在某些方面咄咄逼人，在某些方面却又自我谦避。他们先表现得咄咄逼人，然后又变成任人践踏的地垫，接着又会变回咄咄逼人的状态。在虐待了某个人之后，他们会懊悔不已，试图弥补，接着会觉得自己像个“傻瓜”，然后又会虐待他人。对他们来说，并没有真真切切的东西。

分析治疗师也会感到十分困惑和沮丧，感到无从下手。他这样想就错了。这些患者只不过是还没能采取我们习惯上的统一的行为方式：他们不仅没压制住冲突中的某个方面，也还没树立起明确的理想化形象。在某种意义上，他们可以说是体现出了那些试图的意义。因为无论结果有多么糟糕，这样去做的患者都会变得更加有组织，不会像捉摸不定型患者一样迷失方向。另外，如果分析治疗师认为冲突就暴露在表面上，无须去发掘寻找，认为这是一项非常轻松的工作，那么他也同样大错特错。不过，他会发现自己面临的情况是患者反对把问题明朗化，这甚至可能使他感到挫败，除非他自己明白，那只不过是病人不想真正洞悉内心的一种手段。

最后一种拒绝承认冲突的防御措施是愤世嫉俗，即对道德价值观的否定和嘲弄。每一种神经症都势必会在内心深处有对道德价值观的不确定感，无论患者如何固执地坚持自己所认可的特定标准。尽管愤世嫉俗的根源有很多种，但它的功能总是否认道德价值观的存在，从而使神经症患者不需要搞清楚自己的实际信仰。

愤世嫉俗可以是有意识的，然后成为弄权者传统中一贯捍卫的准则。一切皆是表象。你可以为所欲为，只要别被逮到就好。每个人只要不是完全的傻子，就是伪君子。这类患者对分析治疗师使用道德一词非常敏感，无论他是在什么背景下使用的，这跟弗洛伊德时代患者对“性”一词的态度一样。但是，愤世嫉俗也可能是无意识的，比如说患者嘴上讲着流行思想，心里便将其封存了。患者虽然可能不知道自己受到愤世嫉俗的影响，但他的生活方式和他对自己生活的讲述却显示出他是以这种原则生活的。或者，他会在不经意间陷入矛盾之中，这就像有些人自以为看中诚实与正直的品质，却又嫉妒别人的诡计多端，并且恨自己在这些事情上“不在行”。在治疗过程中很重要的一点是，医生需要适时地使患者充分意识到他的愤世嫉俗并帮助他理解这一点。另外，可能也有必要向他解释一下他为什么应该建立起一套自己的道德价值观。

以上所述便是围绕着基本冲突的核心所建立起来的防御机制。为了简明扼要，我把这一整套防御体系称作保护性结构。在每一种神经症中都有多种防御措施的结合；通常情况下各种防御措施都会出现，但是其作用程度会有所差异。

2

未解决冲突的后果

第九章　恐惧

在对神经症问题的深层含义进行探寻的过程中，我们很容易在错综复杂的情形中迷失方向。这并不奇怪，因为如果不正视其复杂性，我们便理解不了神经症。不过，偶尔站在旁观者的角度可以帮助我们重新获得对神经症问题的洞察力。

我们已经对防御性人格结构的形成进行了追踪。我们已经看到这些防御体系是怎样一个接一个地建立起来的，直到建立起一种相对稳定的人格结构。其中令我们印象最深的是患者在这个过程中所做的巨大努力，他如此努力以至于我们再次想弄明白，究竟是什么驱使着患者走向一条如此艰险的道路，付出如此巨大的代价。我们问自己：究竟是什么力量使神经症结构变得这么顽固且难以改变呢？整个过程中的动力仅仅只是对基本冲突的破坏性力量的恐惧吗？通过类比也许能找出答案。像所有类比一样，这也不是说绝对等同，只能从比较宽泛的意义上去理解。让我们来假设一个有黑暗过往的人利用谎言和伪装成功进入了社会。他自然害怕自己的过往被揭露。过了些时日，他的境况好转了；他交上了朋友，有了稳定的工作，成了家。他非常珍视自己新的生活状态，于是新的恐惧又开始困扰他——他害怕失去这种幸福的生活。这种体面生活带来的自豪感使他暂时摆脱了自己不堪回首的过往。他用大笔钱去做慈善，甚至施与自己的旧相识，就为了完全抹去旧日的生活。同时，他的人格已经在发生变化了，这开始把他卷入到新的冲突中，结果，他用谎言获得新生活的这一事实，最终只是成了掩藏在他内心困扰之下的一股暗流。

因此，在神经症患者所建立起的人格结构中，基本矛盾依然存在，只不过是发生了变形。在某些方面有所缓和，而在某些方面又有所增强。然而，由于这个过程中所固有的恶性循环，接踵而至的冲突只会更加激烈。使冲突变尖锐的最大原因是，每一种新的防御机制都进一步损害了他与自我、与他人的关系——如我们所知，这正是孕育冲突的沃土。此外，随着新的因素在他的生活中起着越来越重要的作用——虽然这些新因素掩藏于爱或成功的假象中，但实际上只是一种自我孤立状态或者理想化形象——他开始害怕产生一种完全相反的生活状态，损害到自己的这些“宝贝”。自始至终，他这种与日俱增的自我疏离使他进一步失去了认识自我、摆脱困扰的能力。他开始靠着惯性生活，变得停滞不前。

患者的防御性人格结构虽然有其顽固性，但也十分脆弱，而且它本身还会引起新的恐惧。其中一种恐惧是害怕自己的稳定生活受到搅扰。虽然这种人格结构给了他一种平衡感，但是这种平衡感却危如累卵。患者自身在意识层面并未认识到这种威胁，但他还是会不由自主地以多种方式感受到它。经验告诉他，他会无缘无故地出问题，会在最预料不到，或最不希望的时候大发雷霆、兴高采烈、黯然神伤、疲惫不堪、感到压抑。这些体验合到一起给了他一种不确定感，使他觉得自己靠不住，他觉得如履薄冰。他的心理失衡也可能表现在步态或姿势上，或者是表现为在任何一种需要躯体平衡的事情上缺乏完成它的技能。

这种恐惧最具体的表现是对精神错乱的恐惧。当这种恐惧的程度非常显著时，它便成了驱使患者寻求精神症医生帮助的主要症状。在这样的情况下，恐惧还取决于一种被压抑的冲动，那就是想做各种“疯狂”的事情，其中大部分都是破坏性的，而且并不觉得自己要对其负责。不过，患者这种对发疯的恐惧并不能预示着他真的会发疯。通常情况下，这种恐惧只是暂时的，只有在极度痛苦的心境下才会出现。它最尖锐的刺激是对理想化形象的骤然威胁，或是一种积聚的紧张感——常常是由于潜意识的愤怒情绪，这会损害到患者极度的自我控制。比如有这样一位女性患者，她认为自己性情温和、英勇无畏，但当她在艰难的处境中感到无助、不安和暴怒时，她便产生了这种恐惧。她的理想化形象原本像铁条一样把她箍了起来，现在却突然绷断了，使她害怕自己会四分五裂。我们已经说过，当把超脱型患者从他躲避的地方拖出，让他密切接近他人时——比如不得不参军或与亲友同住时，他便会感到恐惧。这种恐惧也可以表现为害怕自己精神错乱；在这种情况下的确会有出现精神病症状的可能。在分析治疗的过程中，这个病人曾竭尽全力地创造了假和谐的状态，却突然意识到自己的人格其实是分裂的，她便会产生类似的恐惧感。

对精神错乱的恐惧主要是潜意识的愤怒所引发的，这一点在分析治疗的过程中得到了证实。病人的恐惧感减弱，变为一种担忧，他担心自己在无法做到自我控制的情况下会侮辱、殴打甚至杀害他人。于是他会害怕自己在睡梦中，在酒精、麻药或性兴奋的影响下做出暴力行为。愤怒本身可以是有意识的，或者是在意识层面表现为对暴力行为的强迫性冲动，尽管还没有付诸行动。另外，它也可以是完全无意识的；在这种情况中，患者会有一种突如其来的隐隐约约的恐惧感，可能会伴有出汗、眩晕或者害怕自己不省人事——意味着他暗藏着一种恐惧，害怕自己的暴力冲动会失控。当潜意识的愤怒被外化了时，患者可能会惧怕暴风雨、鬼魂、盗贼、蛇等——也就是惧怕除了自己之外的所有潜在的毁灭性力量。

但是，对精神错乱的恐惧毕竟相对来说很少见。它只不过是对失去稳定生活的恐惧感的一种最醒目的表现罢了。通常情况下，这种恐惧较为隐蔽。它以模糊不定的形式表现出来，日常生活的任何改变都有可能将其诱发。有这种恐惧的人一想到要旅行、搬家、换工作、雇一个新的用人或者任何其他事情，都会深感不安。他们尽一切可能避免这样的改变。它对人格稳定性的威胁可能是使患者不敢找医生进行分析治疗的一个因素，尤其是当他们已经找到了一种能使自己过得相当好的生活方式时便更是如此。当他们讨论分析治疗是否可取时，他们会关注那些乍看之下似乎颇有道理的问题：分析治疗是否会破坏自己的婚姻？是否会使自己暂时丧失工作能力？是否会使自己容易动怒？是否会干涉到自己的宗教信仰？我们发现，这些问题在一定程度上是因为患者的无助感，他觉得那不值得自己去冒险。但在他的问题背后隐藏着一种真正的不安：他需要消除疑虑，相信分析治疗不会搅乱自己的稳定状态。在这种情况中，我们可以断定，患者的稳定状态本就摇摇欲坠，分析治疗将会十分困难。

分析治疗师是否可以向病人打保票呢？不，他不可以。所有的分析治疗都必然会造成暂时的不安。不过，医生可以做的是去探究这些问题的本源，去向病人解释他真正惧怕的是什么，去告诉他尽管分析治疗会搅乱他的稳定状态，但却可以使他有机会获得根基更加稳固的稳定状态。

另一种产生自患者的防御性人格结构的是对自我暴露的恐惧感，其根源是在患者形成和维持这种人格结构时所用到的各种伪装手段。这一点我们会在讨论由未解决的冲突所引起的道德人格受损时进行描述。对于此处的目的，我们只需要指出，神经症患者想在自己和他人面前都显得与自己的真实形象不同——更加和谐、更加理性、更加慷慨、更加强大或更加心狠手辣。很难说他是更害怕真实的自我暴露给自己还是他人。在意识层面，他最在意的是他人，他越是把自己的恐惧感外化，就越是担心别人会看穿他。在这种情况下，他可能会说他对自己的看法无关紧要；只要别人看不穿自己，他所看到的自己的失败可以自己解决。事实情况并非如此，但这是他在意识层面的感觉，标志着外化作用的程度。

对自我暴露的恐惧可以表现为一种模糊的感受，患者觉得自己在虚张声势，或者是一种与真正困扰自己的某些品质并不太相关的感受。个体可能会害怕自己不是人们所认为的那么聪明、能干、有学识、有魅力，于是把恐惧感转到了那些并不能反映自己性格的品质上。于是患者回想起在少年时代自己总是害怕在班上排名第一完全是一种假象。他每次转学都以为这次会被看穿了，哪怕他再次拔得头筹，仍然会有这种恐惧。这种感觉令他十分困惑，但他找不出自己如此这般的原因。他看不透自己的问题，只因他误入了歧途：他对自我暴露的恐惧与他的聪明才智根本无关，只是被转移到了这个方面。实际上，它所涉及的是潜意识层面的伪装，即想装作一个对分数无所谓的好学生，而事实情况却是他对战胜别人十分着迷。这个例子使我们能够做出恰当的概括。这种害怕自己是个装腔作势的人的恐惧感总是与某种客观因素相关，但它通常不是患者自己所认为的那些因素。在症状方面，最明显的表现是脸红或害怕自己会脸红。由于分析治疗师要揭露的是患者害怕自己会暴露出的潜意识的伪装，如果分析治疗师已经注意到了患者害怕自己被看穿，却还要去探寻那些他认为患者会感到羞愧和极力隐藏的经历，那他就犯了一个大错。但是患者可能并没有隐藏这种事情。于是他越来越害怕自己身上会有些什么自己潜意识中不想暴露出来的非常不好的东西。这种情形只会使患者自责式地审视自我，却无助于任何建设性工作。他也许会详细叙述自己的风流韵事和破坏性冲动。但只要分析治疗师没能看出患者正陷于冲突，而且他自己只是在致力于冲突的某一方面，那么，患者对自我暴露的恐惧会依然存在。

对自我暴露的恐惧可以被任何情境激起，这些情境对于神经症患者来说就像是在接受检验。其中包括开始一份新的工作、交一位新的朋友、进入新的学校学习、考试、社交聚会，或者任何有可能使他引起别人注意的活动，哪怕只是参与讨论。很多时候，在意识层面对失败的恐惧实际上往往与恐惧自我暴露有关，因此这一切不会因为取得成功而有所缓解。他只会觉得自己这次勉强过得去，但下一次怎么办？而且，如果他一旦失败，他只会更加确信自己一直以来都是在装腔作势，只是这一次不幸被逮到了。这种感觉的一种后果就是羞怯，尤其是在面对新情境时；另一种后果是患者面对别人的喜爱或欣赏时会如履薄冰。他会有意或无意地这样想："虽然他们现在喜欢我，但如果他们真正了解了我就不会这样了。"这种恐惧自然会对分析治疗的过程有所影响，因为分析治疗的明确目的就是要"发掘"患者的真实自我。

每一种新的恐惧都需要一套新的防御体系。患者为对抗对自我暴露的恐惧情绪采取了相互对立的各种办法，并且这些办法取决于患者的整个性格结构。一方面，病人倾向于回避任何类似考验的场合；假如无法回避，便会谨言慎行，自我节制，戴上一副让人无法看透的面具。另一方面，患者在潜意识中企图让自己的装腔作势变得无懈可击，不用再去害怕自我暴露。单单第二种态度并不具有防御性：喜欢幻想的攻击型个体也会通过装腔作势的手段去影响那些他想利用的人；医生任何想一探究竟的试图都会遭到患者狡黠的反击。我在这里指的是有公然虐待狂倾向的人。我们之后将会明白患者的这一特点是符合他的整体人格结构的。

如果回答了下面两个问题，我们便可以理解患者对自我暴露的恐惧：患者害怕暴露的东西是什么？万一他真的暴露了这个东西他会害怕发生什么？第一个问题我们已经回答过了。为了回答第二个问题，我们还得讨论另一种发自于防御性人格结构中的恐惧，即对轻视、羞辱和嘲笑的恐惧。防御性人格结构的不稳固使得患者害怕稳定的生活被搅扰，潜意识中的虚伪造成了患者对自我暴露的恐惧，对羞辱的恐惧来源于受伤的自尊。我们在其他方面触及过这个问题。理想化形象的创建与外化作用都是在试图修复受伤的自尊，但正如我们所看到的，这两者都只不过是更深地伤害了自尊。

如果我们俯瞰在神经症发展过程中自尊发生的变化，我们就能看到两对跷跷板式的过程。随着现实自尊的消减，非现实的自傲上升——对自己的优秀、有闯劲、独一无二、无所不能、无所不知的自傲。另一对过程是患者越是把现实自我贬低成矮子，便越会把别人抬高成巨人。压抑抑制、创造理想化形象或者外化作用模糊掉了大部分的真实自我，使个体无法看清；就算他没真的变成影子，也会像影子一样，无足轻重，没有内涵。同时，他对他人的需要和恐惧也使他们变得更加令人生畏和不可或缺。这样，他的重心便不再落在自己身上而是落在了他人身上，并且把本该属于自己的特权拱手让给了他人。这样的后果是他会极为看重别人对自己的评价，而反倒不会在意他的自我评价了，这更加助长了别人的看法在他眼中的权威性。

上述所有情况共同解释了神经症患者在面对轻视、羞辱和嘲笑时为何会如此脆弱。这些情况可以说是神经症表现的组成部分，因此在这些方面的神经过敏是非常常见的。如果我们认识到对轻视的恐惧有这么多根源，我们就能明白，想消除这种恐惧，哪怕只是将其减轻都绝非易事。只有在神经症整体缓解时它才会随之减轻。

通常情况下，这种恐惧的后果会使神经症患者与他人产生隔阂，并且对他人产生敌意。更重要的是，它会使患者深受其害，拖他们的后腿。他再也不敢对他人有任何希冀，再也不敢给自己设定较高的目标。他再也不敢去靠近那些在什么方面比自己强的人；他再也不敢表达自己的观点，哪怕是真知灼见；他再也不敢发挥创造力，哪怕他真的很有创造力；他再也不敢使自己显得很有魅力和影响力；他再也不敢追求上进；等等。即使有的时候他们会在这些方面跃跃欲试，但一想到可能会被嘲笑的场景，他便知难而退，谨言慎行，守着自己那点可怜的自尊度日。

除了我们所描述的那些恐惧，还有一种更加不容易察觉的恐惧，我们可以把它看作神经症发展过程中所有恐惧的浓缩。那就是害怕自己发生任何改变。对于做出改变的这种想法，患者可能会有两种完全对立的态度。他们要么对这些问题都不甚明了，但却对其置之不理，总觉得在将来某个时候会奇迹般地自动发生某些改变，要么在还不了解事态的情况下就迫不及待地想做出改变。对于第一种情况，他们固守这样一种思想，认为对问题做了一瞥或者承认了自己的某个缺点应该就够了；若是听说想自我实现就必须真的改变自己的态度和内心驱动，他们便会大吃一惊、深感不安。他们还是会不由自主地看到这种立场的道理，但在潜意识中却依然会拒绝接受。第二种与之相反的态度意味着患者在潜意识地伪装想做出改变。这在某种程度上来说只是患者的一厢情愿，原因是他对自己的任何一点不完美的地方都无法忍受；但是还有另一个原因，那就是他在潜意识中觉得自己无所不能——只需在脑子里出现让困难消失的念头，便足以令其灰飞烟灭。

在对自我改变的恐惧背后，暗藏着对变得更糟的不安——那就是害怕失去自己的理想化形象，变成自己不愿变成的样子，变得像其他人一样，或者在分析治疗后空剩一副躯壳；这时，患者便开始畏惧未知的东西，害怕自己不得不放弃那些使自己有安全感和满足感的防御机制，尤其是那些给他们带来解决办法的幻影；最后，还有对自己没有能力做出改变的恐惧——在我们讨论神经症患者的绝望感时更能理解这种恐惧。

这些恐惧全部都发自于未解决的冲突。但是如果我们想最终取得人格的整合就必须进行自我暴露，所以，它们还构成了对于我们直面自我的障碍。它们就像是炼狱，我们必须在经历了之后才能得到救赎。

第十章　人格衰竭

要去思考未解决的冲突给患者带来的后果，就像进入一个看似无边无际，并且我们知之甚少的领地。或许，我们可以通过探讨某些表现出来的症状——如抑郁、酗酒、癫痫、精神分裂症等——来思考它，并希望能用这种方式更好地理解某些特定的症状。但我更愿意站在一个更加宽泛的角度来对其进行考量，并提出这样一个问题：未解决的冲突会对我们的精力、人格完整性和人生幸福有哪些影响？我之所以用这种方法，是因为我确信如果不理解这些症状下的人的基本属性，我们就不能理解这些症状的意义。现代精神病学有一个趋势就是找出一个便于使用的理论构想来解释存在的症状，如果站在临床医生需要的角度去看，便可理解这是自然而然的，因为他们的工作就是处理这些症状。但是，这样做没有一点儿可行性，更不用说科学性了，就像是建筑工程师在打地基之前先去盖大楼的顶层一样。

我提出的问题所涉及的某些因素在前面已经提到过，在这里只需要详述即可。另外还有一些因素已暗含在我们之前的讨论中；我们还需要再增补一些因素。我们的目的不是留给读者一些含糊的概念，使他们觉得未解决的冲突有很大的危害，而是要给读者一幅相当清晰全面的图画来描述它们对人格造成的难以避免的破坏。

带着未解决的冲突生活主要会引起对人的精力的巨大浪费，这不仅由冲突本身所引起，还由各种试图清除冲突的不当手段所造成。当一个人从根本上来讲处于分裂状态时，他永远无法全身心地把精力集中在任何事情上，而总是想追求两个或更多相互矛盾的目标。这意味着他要么会分散自己的精力，要么会挫败自己的努力。前者就像皮尔·金特一样，他们的理想化形象诱使其相信自己在各方面都高人一等。有这样一位女性患者，她想成为一个完美的母亲、优秀的厨师和女主人，整日衣着光鲜，有突出的社会和政治地位，还想成为一个贤惠的妻子，又想有婚外情，除此以外，还想做些卓有成效的工作。自不必说，这些事情她肯定都无法做到；这些追求最终她肯定完成不了，而她的精力——无论她多么有能力有天赋——都将被消耗掉。

更常见的情况是在追求某个单一的目标时也会受挫，这是因为那些互相矛盾的动机相互之间造成了阻碍。有这样一位男性患者，他想做别人的好朋友，但又总是对人呼来唤去、颐指气使，结果他从来都没有可能实现自己在这个方面的愿望。还有一位男性患者，他希望自己的子女能出人头地，但他对个人权力的渴求和固执己见使他难以实现这个愿望。有个人想写一本书，但每当他不能立马写出自己想表达的话时就会头痛欲裂、浑身无力。在这个案例中理想化形象依然是罪魁祸首：既然自己是个才子，为什么不可以文思如泉涌，就像从魔术师的帽子里蹦出小白兔那样？当他做不到这一点时，便怒火中烧。另一个人可能有个打算在大会上陈述的高明看法。但他不仅想一鸣惊人，还想力压众人；他也想受人拥戴，无人反对，由于他把自卑感外化了，所以他同时也预感到自己会受到他人的嘲讽。这样的结果是：他根本无法思考，并且他已经拥有的那些相关的思想也得不出什么结论。还有一个人本可以是个优秀的组织者，但由于他的虐待狂倾向，常常会敌对周围的人。我们完全不需要再列举更多例子，因为我们只要看一看自己和周围的人，便可以找到许多这样的情况。

除了这种缺乏明确目标的情况，还有一种明显的例外情况。有些时候，神经症患者会表现出一种非同寻常的对某种目标的专一性：男人可能会为了自己的野心而牺牲一切，甚至是尊严；女人可能会除了爱别无所有；父母可能会把全部心思都花在孩子身上。这类患者给人一种做事一心一意的印象。但正如我们前面说过的，他们实际上只是在追求一种看似能解决冲突的海市蜃楼般的幻象。他们表现出来的一心一意意味着一种绝望感，而不是人格的整合。

消耗和挥霍精力的不单单是相互冲突的需要与冲动。在患者的防御性人格结构中还有其他因素也造成了同样的后果。由于对基本冲突中的某些部分进行了压抑，人格的所有部分都变得黯淡了。但是变黯淡的部分仍然很活跃，足以对患者造成干扰，但它们却不会有任何建设性作用。如此一来，压抑会造成精力的损耗，而这些精力原本可以用于增加自信，与人合作，建立良好的人际关系。我们还需要再说一下自我疏离，它剥夺了患者前进的动力。他能完成自己的工作，甚至可以顶住外在压力做出较大努力，但若只有自己可以依靠，他便会崩溃。这不仅仅意味着他在空闲时间会毫无建树、毫无乐趣，也完全意味着他的创造力会被全部浪费。

对于大部分患者而言，各种因素共同对人格造成了大范围弥漫的压抑。为了理解并最终清除某一种压抑，我们通常需要对其进行反反复复的分析，从我们讨论过的所有角度去处理它。

对精力的浪费或误用可以说是由三种主要的困扰所造成的，这三种困扰都是未解决的冲突所引起的症状。其一，遇事优柔寡断。它可见于各种事情，从鸡毛蒜皮的琐事到至关重要的大事。患者永远都摇摆不定，吃这道菜还是那道菜？买这个箱子还是那个箱子？去看电影还是听广播？患者不能决定做哪种工作，或是在工作中的每一步都犹豫不决；不能决定在两个女人中选择哪一个；不能决定是否要离婚；是要活着还是死了算了。那种不得不做、一旦做出便无法挽回的决定对他来说真的是个严峻的考验，会使他惊慌失措、心力交瘁。

虽然患者十分优柔寡断，但他们常常意识不到这一点，因为在潜意识中他们总是竭力避免去做任何决定。他们遇事总是一拖再拖；直接“抽不出时间”去做那些事；他们会听任命运的安排或让别人替自己做决定。他们遇事也可能蒙蔽了自己的双眼，以至于失去了做决定所需要的基础。随之而来的漫无目的的状态也一样常常不为患者所知。患者无意识地采取各种手段去掩盖自己的优柔寡断，这就是分析治疗师很少听到患者诉说这种实际上很常见的困扰的原因。

其二，普遍性的做事效率低。我这里指的不是在某个特定方面能力不足，那可能是因为疏于训练或者缺乏兴趣。我指的也不是那种尚未被发掘的能力的问题，正如威廉·詹姆士在一篇非常有趣的论文[①]中所写的那样，当个体在初显疲惫时或者在外界环境的压力下仍不屈服，便可以蓄积起能量。我在这里所说的做事效率低是指个体由于内心冲突而无法付出最大的努力，从而造成做事效率低的情况。他就像在踩着刹车前进；汽车定然会慢下来。有时候的确会是这种情形。他所做的每件事，无论从他的能力还是从任务本身的困难程度而言，都远远不应该这么拖拉。他并不是说没有尽力；相反，他做所有事情都会付出异乎寻常的努力。例如，他可能要用好几个小时去写一篇简短的报告或者学会操作一个简单的机械设备。当然，羁绊他的是各种各样的因素。他可能会潜意识地抗拒那些让他觉得像是胁迫的东西；他可能会

---

① 威廉·詹姆士，《记忆和研究》，朗曼格林书局，1934年。

不由自主地想处理好每一个细节；他可能会因为没能一鸣惊人而对自己大动肝火，像前文中的某个例子那样。做事效率低不仅表现为做事的速度慢，还可以表现为做事笨手笨脚或者健忘。如果一个女仆或主妇想着自己这么有才，竟然做这么低贱的工作，心中暗自觉得不公，那她就不会好好做事。而且，她做事效率低不仅限于家务活，她做所有事都会是这样。从主观的角度考虑，这意味着在巨大的压力下工作，必然会使个体很容易就筋疲力尽，需要更多睡眠。在这种状态下做任何事都势必会耗费个体更多精力，正如踩着刹车前进时需要汽车更多的油耗一样。

内心的巨大压力——还有做事效率低——不仅见于工作当中，也很明显地表现在为人处事上。如果某个人想待人友善，但与此同时又厌恶这种想法，因为他觉得这样做像是在讨好奉承，便会显得很不自在；如果他跟别人求得某样东西，但又觉得这是自己应得的，便会显得蛮横无理；如果他既想坚持己见又想附和逢迎，便会犹豫不决；如果他既想接近他人又害怕会遭到拒绝，便会显得十分羞怯；如果他既想跟别人发生性关系，又害怕自己满足不了性伴侣，便会显得非常冷淡；等等。冲突越是无处不在，生活的压力便越是巨大。

有些个体意识到了内心的这种巨大压力；不过更多时候他们

只是在某些特殊情况下，当这种压力更为强大时，才会意识到它的存在；有时候，只有当他们对照了自己为数不多的感到放松、自在和随心所欲的情况时，才会一下子意识到它的存在。对于它所造成的疲惫感，他们常常会归咎于其他因素——体格太差、工作负荷过重、睡眠不足。这些因素诚然都会有所影响，但远没有人们所认为的那么重要。

其三，普遍性怠惰。有这种症状的患者常常会怪自己懒惰，但实际上他们不可能在懒惰的时候乐享其中。他们可能有意识地反感任何努力的行为，并把这种反感合理化，说他们只要有想法就足够了，具体细节——也就是这种想法的实施——是别人的事。对努力的反感也可以表现为一种恐惧，他们害怕努力付出只会给自己带来伤害。事实上，他们知道自己很容易感到疲倦，考虑到这一点，我们就不难理解他们的这种恐惧了；如果医生只看到了症状的表面现象，那么他的建议只会使患者的恐惧感变得更加强烈。

神经症性怠惰是主动性和行动力的缺失。通常来说，这种结果来源于对自我的严重疏离和对目标方向的缺乏。长期的巨大压力和不尽如人意的努力付出使得患者几乎总是精神萎靡不振——尽管间或也会有片刻的兴奋。就单一的诱发因素而言，其中最重要的是理想化形象与虐待狂倾向。他得不断努力，这个事实使他感到非常丢脸，因为这表示自己远非理想化形象的样子，而一想到要做的事只不过是凡尘琐事，他便不愿去做，而宁愿在幻想中大展拳脚。理想化形象总是会让他饱受自卑感的啮咬，这蚕食着他的自信心，使他觉得自己干不了任何有意义的事，因此把动力与乐趣全都葬于流沙之中。虐待狂倾向，尤其是那些被压抑着的倾向（倒错的虐待狂倾向），使患者在面临任何看似带着攻击性的东西时都会退缩，结果使患者的精神几近崩溃。普遍性怠惰有着特别的重要性，因为它所涉及的不仅有行为，还有情感。由于未解决的冲突而浪费掉的精力多得难以估量。神经症说到底还是特定社会文明的产物，因此它对人的才能与品质的荼毒无疑是对当前文明的严厉控诉。

伴有未解决冲突的生活不仅会使患者精力涣散，也会造成道德观念的分裂，这里说的是道德的准则，以及所有会对个体与他人的关系和个体的自身发展造成影响的情感、态度和行为。正如精力的分散会造成精力的浪费，在道德问题上也是如此，它会导致道德诚信的缺失，换句话说，它会破坏掉个体的道德完整性。这种危害产生的原因是患者身上的各种相互矛盾的看法，以及他们想掩盖这些冲突的企图。

基本冲突中也包括相互矛盾的道德价值观念。尽管患者尽其所能想和谐掉它们，但它们还是会持续对他造成影响。不过，这只是说没有哪一种道德价值观真的被他或者能够被他当回事儿。尽管理想化形象包含真实理想的成分，但它在本质上却是一种“赝品”，患者本人和未经训练的观察者很难将它与正品区分开来，其困难程度不亚于辨别银行支票的真假。我们已经看到，神经症患者可能真的觉得自己是在追寻理想，所以会为了每一个明显的疏忽而鞭挞自己，这样，他在追求自己的理想时，就会显得过分吹毛求疵；或者，患者可能会在思及或者谈及价值与理想时自我陶醉。我说他没把自己的理想当回事儿，是说他对自己的生活没有担当。他只有在觉得容易做到或者对自己有利的时候才去那么做，其他时候便会将其束之高阁。我们在讨论盲点作用和隔离作用时已见过这种例子——对于那些严肃对待自己理想的人来说，这些人的做法简直不可思议。如果那些理想是真的，患者绝不会如此轻易地弃之不顾——比如，有个人也是真诚地宣称自己把一腔热血都献给了某种事业，可一旦遇到诱惑便会背弃它。

通常情况下，道德完整性的受损意味着真诚的减弱和自我中心论的增强。关于这一点，很有意思的是，在禅宗佛教的经文中，真诚就等于全心全意，这与我们通过临床观察所得出的结论是一致的——那就是，内心分裂的人绝不可能完全真诚。

徒弟问：我知道狮子在攻击敌人时，不管它是兔子也好，大象也好，都会全力以赴；请问这个力量是什么？

师傅答曰：至诚之力。

所谓至诚，即不欺，即所谓“和盘托出全部自我”，用禅语来说就是“整体作用”……毫无保留，毫无掩饰，毫无靡费。若能如此生活，则可谓金鬃雄狮了；这种人是阳刚、真诚和全心全意的象征；如此，便是圣人。①

自我中心论是一个道德问题，因为它要求别人迁就于个体自身的需求。患者在看待和对待他人时不会考虑他们的权利，而只是把他们当成用来达到自己目的的棋子。他对他人的讨好或喜欢，是为了缓解自己的焦虑；他有意给别人留下深刻的印象，是为了抬高自己的自尊；他责怪他人，是因为他自己没有担当；他一定要挫败他人，是因为他自己对成功的需要；等等。

① 铃木大拙，《禅宗佛教及其对日本文化的影响》，东方佛教协会（东京）出版社，1938年。

道德完整性受损的具体表现形式因人而异。它们大都已经在其他地方被讨论过，在这里只需要以更加系统的方式对其进行回顾。我在这里的叙述并不打算面面俱到。如果只是因为我们还没有讨论过虐待狂倾向，而且虐待狂倾向被认为是神经症发展的最后阶段，因此就非要把它放到后面再去讨论，这是很难做到的。所以我们在这里从它最明显的表现开始讨论，无论神经症有怎样的发展进程，都会有潜意识的伪装。其中比较明显的表现如下：

爱的伪装。“爱”这个词包含太多的感觉和渴求，也包括主观上被认为是爱的感受，其种类之繁多会让我们感到十分诧异。它可以包括那些在自己的生活中感到十分软弱和空虚的人所持有的对他人的依赖性期望。[①]它还可以以一种更加有攻击性的形式表现为一种想利用同伴的欲望，患者想利用他们获得成功、威望与权力。它还可以表现为对征服他人、战胜他人，或者以虐待狂的方式融入他人，通过他人来实现自己的生活目标的需要。它指的还可以是患者对得到他人赞赏的需要，这样他才能更加确信自己就是理想化形象的样子。由于在当前的社会文明中，爱极少是一种纯真的温情，所以辜负和背叛比比皆是。这便给我们这样一

① 参见拙著《自我分析》，第八章“病态的依赖性”。

种印象，觉得爱变成了鄙夷、憎恶或冷漠。但是爱并不会如此轻易地就改头换面。事实上，那些造成虚假的爱的情感和欲望最终都会浮出水面。不用说，这种伪装不仅见于亲子关系和朋友关系，也见于两性关系中。

善良、无私、同情等品质的伪装与爱的伪装一样。它对于顺从型患者来说非常典型，他们的特定理想化形象和对压抑所有攻击性倾向的需要都更加强化了这种伪装。

兴趣与知识的伪装。这种伪装在那些回避自己的情感并且认为单靠聪明才智便可以掌控生活的人身上最为明显。他们不得不装作自己什么都知道，对什么都感兴趣。但这种伪装也可见于另一类人，只是更不容易察觉，这种人似乎专注于某种事业，在不知不觉中，他把这种兴趣当作了通向成功、权力或者物质利益的垫脚石。

诚实公正的伪装最常见于攻击型个体，尤其是在他的虐待狂倾向非常明显的时候。他看穿了他人对爱和善的伪装，而且觉得因为自己看不惯那些处处可见的伪善，不想去假装慷慨、爱国、虔诚，或者其他类似的东西，所以自己特别诚实。实际上，他有着另一种形式的伪善。他拒绝接受社会上普遍存在的偏见，这或许只是一种对传统价值观的盲目、消极的反抗。他敢于拒绝的能力不一定是力量的标志，而只是一种想挫败他人的欲望。他的坦诚可能只是想嘲笑和羞辱他人。在他所宣称的自我利益背后，可能掩藏着想利用他人的这种欲望。

痛苦的伪装必须更加详细地讨论一下，因为围绕着它有许多令人困惑的看法。严格遵守弗洛伊德理论的分析治疗师与外行有着同样的看法，他们认为神经症患者需要感到被虐待，需要去担忧，需要被惩罚。支持这种观点的资料是众所周知的。但“需要”这个词实际上涵盖着诸多的内心过错。提出这个理论的人没有考虑到，神经症患者所遭受的痛苦远比他自己知道的要多，而且通常只有在他开始康复时才开始意识到自己的痛苦。更确切地说，那些人似乎并不明白，未解决的冲突所造成的痛苦是避免不了的，完全不受个人意愿的影响。如果一个神经症患者听任自己的人格四分五裂，他当然不是因为想给自己带来伤害，而是因为他的内心需要迫使着他去这么做。如果他自暴自弃，挨了一耳光还把另一边脸也凑过去，起码在潜意识里，他其实是讨厌自己这么做的，并且会因此瞧不起自己；但他如此畏惧自己的攻击性倾向，于是非要走向另一个极端，听任自己遭受别人某种方式的虐待。

另一个促使患者想遭受痛苦的性格特征是爱把自己的烦恼

小题大做、添油加醋。实际上，患者有可能是因为某种不为人知的动机去感受和表现那些痛苦。这可能是想求得关注和原谅；可能是潜意识地想利用他人的爱怜；可能是被压抑的愤恨情绪的表现，被用来压制这种情绪。但鉴于患者的内心冲突，这么做是他可以用来达到某种目的的唯一办法。还有一点就是他常常把自己的痛苦归咎于一些不成立的缘由，所以给人的印象是，他总是无缘无故地陷于痛苦之中。于是，他便会郁郁寡欢，把痛苦归咎于自己犯下的“过错”，而实际上他的痛苦是因为自己没能达到理想化形象的样子。或者，当他与爱人分离时，他会感到十分茫然，虽然他认为这是因为自己爱得太深，而实际上，他的内心正四分五裂，他无法忍受独居的生活。最后一点，他可能会误解自己的情感，当他实际上气急败坏时，却会觉得自己正在饱受辛酸苦楚。比如，一个女人在恋人没能如约写信给她时便会认为自己是在受苦。但其实她是生气了，这是因为她想事事顺心如意，或是因为一丁点儿冷落都能使她恼羞成怒。在这个例子中，患者潜意识地选择了痛苦，而不愿承认自己的恼怒，以及引起这种恼怒情绪的神经症倾向。她还非常强调这种痛苦，因为它有助于掩盖患者在整个恋爱关系中的表里不一。在以上所有例子中，我们都不能说神经症患者想遭受痛苦。他所表现的，是一种对痛苦的潜意识伪装。

另一种更加具体的道德完整性受损表现是患者形成了潜意识的自大感。我在这里仍然是指患者认为自己有那些其实并不具备的品质，或是远远高看了自己的某些品质，并因此潜意识地对他人呼来唤去、不屑一顾。所有的神经症性自大都是潜意识的，因为患者意识不到自己的无理要求。这里要区别的不是有意识的自大和潜意识的自大，而是要区别那些显而易见的自大和隐藏在过分谦虚和处处道歉的行为之下的自大。区别在于它们所带的攻击性的大小，而不是自大程度的高低。一种情况是，个体会公然要求特权；另一种情况是，如果不主动给他特权，他便会伤心。在两种情况中都缺少的，是一种所谓的现实的谦卑感，即承认——不仅是口头上的，也是真心的——人类所共有的和自己所独有的局限性和缺陷性。按照我的经验，所有病人都不愿想到或听到自己的不足。那些内心深处非常自大的患者尤其如此。他宁愿狠狠地责骂自己忽视了某些东西，也不愿像基督徒那样承认“我才疏学浅”。他宁可斥责自己粗心大意或者游手好闲，也不愿承认人做事不可能总是一成不变的卓有成效。他内心深处的自大最明确的标志是在他处处认错、自我指责的行为与他容易因为别人的批评或冷落而动怒的心理之间的明显矛盾。通常情况下，我们只有通过密切的观察才能发掘出这种受伤的情感，因为过谦型的患者可能会将其压抑。但实际上他可能与那些公然自大的人一样不好伺候。他在批评别人时也不比他们温和。尽管他在表面上表现的是对他人的一种谦卑欣赏的态度，但心中却暗暗地期望别人能像他一样完美，这就是说他对别人的真实个性缺乏真正的尊重。

还有一个道德方面的问题是立场不明和不可靠，不可靠的原因就是立场不明。神经症患者在决定自己的立场时很少参照某个人、某种观点或某种缘由的客观优点，而是看自己的情感需要而定。由于他的这些情感需要之间是相互矛盾的，所以，他的某种立场很容易被另一种立场取代。如此一来，许多神经症患者的思想随时会摇摆不定——可以说是潜意识地——被更多的爱、声望、赞赏、权力或“自由”收买。这种情况可见于患者的所有人际关系中，无论是在处理他个人的人际关系，还是代表某个集体处理与他人的关系时都是如此。他们对于其他人常常没有自己的感受或看法。任何空穴来风的事都会改变他的看法。感到一点儿失望，或觉得受到了一点儿轻视，就足以使他与一个“十分要好的朋友”断绝来往。遇到一点儿困难，他便会没了热情，变得百无聊赖。他会因为个人恩怨而改变自己的宗教、政治或者学术观点。他在私下聊天时可能还有点立场，但一旦权威人士或团体给了他一丁点儿压力他便会让步——而且往往不知道自己何以会改变看法，甚至还没意识到自己已经改变了看法。

神经症患者可能会潜意识地避免明显的摇摆不定，他所采取的办法是先不表态，而是“骑墙”，随时可以做出任何一种选择。他可能会以实际情况的复杂性为理由来合理化这种态度，他也可能受制于一种强迫性的“公正感”。不必说，对公平正义的真正追求是非常可贵的。对公平正义的追求也的确会使人在很多场合难以表明立场。但是公正感也可以是理想化形象中的一个强迫性属性，而它会令人感到表明立场十分没有必要，同时还使个体觉得自己超脱了偏见之争，所以像个圣人一样。在这种情况下，患者倾向于不假思索地认为两种观点实际上并不矛盾，或者认为争辩的双方各有各的道理。这是一种虚假的客观态度，它阻碍了个体看清问题的本质。

在这一点上，不同类型的神经症患者之间有着天壤之别。在那些真正的超脱型患者身上有着最大程度的公正感，这些人避开了神经症竞争与依恋的漩涡，不会被“爱”或者野心轻易收买。另外，他们对生活的旁观者态度使他们在判断事物时有很强的客观性，但并不是每一个超脱型患者都可以有自己的立场。他可能非常不愿意争辩或担责，以至于在他心里也没有分明的看法，要么云里雾里，要么来者不拒，别人说啥就是啥，没有自己的想法。

攻击型患者似乎推翻了我所说的神经症患者通常难以有自己立场的断言。尤其是如果他喜欢固执己见，他便似乎格外有能力有明确的看法，有能力捍卫和坚持这种看法。但是他们给人的这种印象是带有欺骗性的。当他们观点明确的时候往往是因为他们的刚愎自用，而不是因为他真的确信。由于他们的这些观点也能够打消他心中的所有疑虑，因此它们往往带有教条性与狂热性。更何况，他经受不住权力和成功的诱惑。他的可靠性也因为他对权力和名誉的渴求而受限。

神经症患者对责任心的态度十分令人不解。其中部分原因是责任心一词本身有多种含义。它可以指尽职尽责地完成义务。按照这种意思来说，神经症患者是否尽责取决于他特定的性格结构；那并不是所有神经症患者都会拥有的品质。对于其他人而言，责任心可能指的是只要自己的行为会影响他人，就要对自己的行为负责；但也可能是支配他人的委婉说法。在有可能受到责备时去担责或许只是一种恨自己不是理想化形象的情绪表现，从这个意义上讲，这与责任心相去十万八千里。

如果我们自己清楚担责到底意味着什么，我们就会明白，想让神经症患者承担责任，就算可能，也十分困难。它首先意味着就事论事地向自己和他人承认自己的目的、自己的言行是什么，并愿意对此承担后果。这与说谎和推诿恰恰相反。从这个意义上讲，要神经症患者担责实在太难了，因为通常情况下他不知道自己在做什么，为什么要这么做，而且主观上很喜欢这种不闻不问的状态。这就是他之所以会经常通过否认、健忘、疏忽，找各种理由，感到被误解和困惑等手段逃避责任的原因。因为他总是喜欢推卸责任，为自己开脱，所以他很容易认为出现的问题都是他的妻子、合伙人或者分析治疗师的责任。另外还有一个因素也使他不能对自己的行为后果负责或者根本看不到自己的行为后果，那就是他觉得自己无所不能。基于这一点，他就觉得自己可以为所欲为，又不需要负责。一旦意识到自己无法逃脱的后果，这种感觉便会土崩瓦解。还有最后一个因素，乍看似乎是思维上缺乏找出因果关系的能力。患者给人的一般印象是他们从来就只想着过错与惩罚。几乎每一个患者都会认为分析治疗师是在怪他，而实际上医生只是在努力使他面对自己的问题及其后果。在分析治疗之外的其他时候，他可能会觉得自己像个犯人一样，总是被人怀疑和攻击，因此总是在为自己辩护。实际上，这是一种内心精神活动的外化。正如我们所知，这种被怀疑、被攻击的感觉的来源是他自己的理想化形象。正是他的这种找茬与自卫的内心活动，再加上这种活动的外化，使他几乎不能在涉及自己的场合想出一种因果关系。但只要问题不涉及自己，他也可以像别人一样就事论事。比如，如果街道由于下雨而变得湿答答的，他不会问这是谁的错，而是会接受这种因果联系。

此外，我们在提到承担责任时，我指的还是能够挺身捍卫那些我们认为正确的东西，并且如果我们的行为或决定被证明是错误的，愿意去承担后果。但是，倘若个体被内心冲突分裂，这一点也很难做到。在那些相互冲突的倾向中，他到底应该或者说能够挺身捍卫哪一种呢？没有一种是他真正想要或者相信的。事实上，他只会挺身捍卫自己的理想化形象。然而，这不允许他出任何差池。因此，如果他的决定或行为出了乱子，他不得不弄虚作假，把恶果推给其他人。

通过一个十分简单的例子便能说明这个问题。某个机构的头头儿极度地渴求无限的权力和声望。没有他，什么事都干不成，什么决定都做不了；他不愿把职责交付于其他人，哪怕他们受过专门的训练，更擅长处理这些事务。在他的心目中，他无所不知。此外，他不希望别人觉得自己很重要或者变得很重要。他之所以没能达到对自己的期望，只是因为时间和精力有限。但这个人不仅想支配他人，也想顺从他人，想做一个超级大好人。由于他的这些未解决的冲突，他身上便有了我们描述过的所有特征——怠惰、嗜睡、犹豫、拖沓，因此不能管理好自己的时间；并且由于他觉得守时是一种无法忍受的胁迫，所以他背地里总是喜欢让别人等他。此外，他还做了许多无关紧要的事，只是因为那样能满足自己的虚荣心。最后一点，他想做个顾家的人，而这又耗费了他不少时间和心思。所以，这个机构自然不能很好地运转；但由于看不到自己的缺点，他反而会怪罪他人，或者埋怨条件不利。

我们再次试问，他能为自己人格中的哪一部分负责呢？为自己的支配倾向，还是顺从、讨好和谄媚的倾向？首先，这两种倾向的存在他都没有意识到。即使他意识到了这两种倾向，他也无法做到舍短取长，因为两者都是强迫性的。不仅如此，他的理想化形象让他只看到自身的完美优点和无限的能力，而对别的则视而不见。因此，他自然无法对他的冲突所带来的必然后果负责。那样做会清晰地暴露出他一心想掩饰、不让自己看到的东西。

通常来说，神经症患者尤其不愿意——潜意识地——对自己的行为后果担责。哪怕是十分显而易见的后果，他也视而不见。由于不能清除自己的内心冲突，他便执着地认为——也是潜意识地认为——自己是那样的无所不能，应当有能力应对它们。于是，他认为只有别人才会尝此苦果，自己不存在这个问题。因此，他必须不断回避对因果关系法则的认识。如果他愿意面对这些因果关系，他便会得到巨大的收获。这些因果关系将万无一失地证明，他的生活体系出了问题，即使是他潜意识的狡诈和欺瞒，也丝毫动摇不了我们精神生活的法则。精神世界的法则与生理性规律一样，都十分严格。①

事实上，他对责任心的整个问题都不感兴趣。他只看到——或模糊地感觉到——它的消极面。他所忽视的是，由于自己没管这个问题，他挫败了自己对独立自主的炽热渴望，这一点他在后来才慢慢懂得。他希望能通过大胆地抛弃所有责任来实现自己的独立，而实际上一个人承担责任才是获得真正内心自由所不可缺少的条件。

为了避免看到自己的问题和痛苦来源于内心冲突，神经症患者便会选择三种防御机制中的任意一种——更常见的是同时选择三种机制。在这一点上，他把外化作用用到了极致，在这种情况下，他会把某种不幸归咎到所有事情上，无论是食物、气候、身

---

① 参见林语堂，《啼笑皆非》，约翰·戴出版公司，1943年。在“果报篇”一章中，作者说他对西方文明竟然如此不理解这些精神法则而感到吃惊。

体素质，还是父母、妻子或命运。或者，他会觉得既然自己没做错什么，不幸就不应该降临到自己头上。想到自己竟然会生病、变老、死亡、婚姻不幸、孩子不听话、工作业绩平平，他就会觉得不公。这种想法不管是出于有意还是无意，都有着双重的错误，因为它不仅使患者无法担负起自己对问题所应承担的那份责任，也使他无法考虑到自身之外的那些对他自己的生活造成影响的因素。不过，这种想法有它自己的逻辑。这是超脱型患者的典型思想，这种人完全只关注自己，这种自我中心主义使他无法把自己看成长长铁链上的小小一环。他理所当然地认为自己在特定的社会系统、特定的时间应该得到生活的全部好处，而不愿意把自己与他人联系起来，不论怎样。因此，他无法明白为什么在那些与自己无关的事情中，他还是免不了会遭受痛苦。

其中的第三种机制是拒不承认因果关系。事情的结果在他看来是孤立的事件，与自己无关，也与自己的问题无关。比如，他会觉得抑郁与恐惧都是突然降临到自己头上的。当然，这可能是因为他对心理学的无知或缺乏观察所致。但在分析治疗的过程中，我们会发现，病人对任何微妙的联系都坚决否认。他对那些因果关系保持怀疑，或干脆忘掉它们；或者，他会觉得分析治疗师并不是在尽快解除他的麻烦——这正是他来这儿求医的目的——而是在怪罪患者，狡猾地想维护他自己的面子。于是，患者可能已经了解了使自己产生怠惰的原因，但却拒绝承认自己的怠惰不仅阻碍了医生的分析治疗，也阻碍了他自己所做的每一件事。或者另一个患者可能已经意识到了自己对别人的飞扬跋扈，但却不明白为什么自己会经常与人争吵，不招人待见。他的内心冲突是一码事，日常生活中的实际问题又是另一码事，一码归一码。这样，他把内心冲突与冲突对自己生活的影响分隔开了，这种分隔行为是隔离倾向中的一种主要组成部分。

患者对神经症态度与倾向造成的后果拒不承认，这种抗拒大都被患者深藏于心底，也正因为在医生看来它们之间的这种因果联系太明显了，所以很容易被医生忽视。这是一种不幸，因为只有让患者意识到他对后果视而不见的这种行为和他之所以会这么做的原因，他才可能认识到他自己对自己生活的阻挠程度。在分析治疗的过程中，最强有力的治疗措施就是让患者了解到自己这种行为的后果，这是因为它会让患者明白，只有从内心做出了改变，他才能够获得自由。

那么，如果神经症患者无法对自己的虚伪、自大、自私、推诿责任等行为负责，我们到底还能不能讨论道德的问题呢？有人会反驳说，作为医生，我们只需要关注患者的疾病和治疗，他的道德问题并不是我们需要关注的。他们会说，弗洛伊德有一个很大的优点就是不考虑我所推崇的“道德性”态度。

这些观点被认为是科学的，但它们站得住脚吗？在人的行为问题上，我们真的能够不去考虑对错吗？精神分析专家在决定什么需要分析，什么不需要分析的时候，难道真的不是在按照他们自己所排斥的有关行为对错的判断而进行的吗？然而，在他们没有言明的判断中却有这样一种风险：它们可能要么过分出于主观，要么过分囿于传统。如此一来，分析治疗师可能会觉得男人的拈花惹草不足为奇，不需要进行分析，而如果同样的事情发生在女人身上，则应该严加拷问。或者，假如这个医生觉得物欲横流的生活十分正常，反倒会觉得从一而终才是需要分析治疗的病例，无论男女都是如此。实际上，我们应当依据某个病人具体的神经症去做出判断。需要我们做出判断的问题是，患者的态度所产生的后果是否有害于他的发展、有害于他的人际关系。如果有害，那它便是错误的，便需要进行干预。为了能让患者就此事下定决心，分析治疗师应当向患者言明自己之所以会有此结论的原因。最后一点，上述反驳我的观点不正是犯了与患者思维中相同的错误吗？——那就是，认为道德只是关于判断的问题，根本不存在带来什么后果的可能。让我们以神经症性自大为例来分析一下。无论患者是否愿意承认，神经症性自大的存在都是一个事实。分析治疗师认为患者应当去认识并最终克服自大的问题。分析治疗师之所以会持这种批判性态度，难道不是因为他从小在主日学校①中就明白了自大是罪过而谦逊是美德吗？或者说，医生之所以有此论断，难道不是因为他认为自大有违现实，终有苦果，而且病人难逃其害吗？——无论患者是否愿意承认，也同样都是如此。自大的后果是使患者无法认识自我，从而阻碍了他的正常发展。还有，自大者待人不公，而这又有其反作用——不仅会使他不时与他人发生摩擦，还会使他与别人疏远。而这只会使他更深地陷入神经症中。由于患者的道德一方面产生自神经症，另一方面又使神经症得以维持，所以分析治疗师除了关注其道德之外，别无选择。

① 又名星期日学校（Sunday School），英美诸国在星期日为贫民开办的初等教育机构。兴起于18世纪末，盛行于19世纪上半期。——译者注

第十一章　绝望

尽管神经症患者有内心冲突，但他偶尔还是能够感到满足，还是能够在自己已经习惯的东西中感到快乐的。然而，他若想经常感到快乐，需要太多的外在条件限制。比如，他只有在独处时——或者在与其他人一起分享时才感到快乐；在自己可以左右事态——或者自己的各个方面都被赞赏时才感到快乐。这些条件之间常常相互矛盾，这又进一步减少了使他快乐的机会。他可能乐于让别人独占鳌头，但同时又对此耿耿于怀。一个女人可能会因为丈夫的成功而感到高兴，但同时也会因此而嫉妒。她可能喜欢开派对，但总想把所有的事情都处理得尽善尽美，结果派对还没开始，她便已经筋疲力尽了。就算神经症患者真的找到了暂时的快乐，这种快乐也很容易因为他的各种弱点和恐惧而被打断。

不仅如此，日常生活中这样或那样的小意外也被神经症患者过于看重。任何微小的失败都可能使他陷入抑郁之中，因为这些失败证明了自己很没用——哪怕失败是由于他所不可控的因素。别人任何无伤大雅的批评都会使他忧心忡忡，苦苦思索。结果，他在一般情况下会更加不快乐，更加不满足，而这只不过是庸人自扰。

尽管这种情况已经很糟糕了，但还有一个因素会使情况变得更加糟糕。只要还有希望，人们明显可以忍受巨大的苦难；但神经症性的内心纠结都会不可避免地产生某种程度的绝望感，内心越纠结，就会越绝望。这种绝望感可能掩藏在患者的内心深处：患者在表面上可能还一心想象或计划着创造可以使境况好转的条件。男的会想，要是自己结了婚，房子大一点儿，换个领导，再换个老婆就好了；女的会想，要是自己是个男的，年长一点儿或是年轻一点儿，再高一点儿或没这么高就好了。有时，消除某些令人不安的因素的确有点儿作用。但是，更多时候，这种愿望只不过是把内心的苦恼外化了，所以注定会让人失望。神经症患者指望通过外在的改变获得一个更好的世界，但都不可避免地把自己和自己的神经症原封不动地带到新的境况中。

以外在因素为基础的希望通常更多见于年轻人，这就是对年轻患者的分析治疗没有人们想得那么简单的原因之一。随着年龄的增长，那些希望一个接一个地破灭，患者便更愿意好好地审视一下自我，想想自己是否可能是那些不幸的原因之一。

即使绝望感总是潜意识的，其存在与否与存在的强度都可以从各种表现中推断出来。在个体的生活史中会有某些这样的经历，它们显示出他对失望的反应强度和持续时间都远远超出了刺激的严重程度。于是，个体便可能因为青少年时期的暗恋、朋友的背叛、老板不公的开除、考试的失利而陷入一种彻底的绝望。我们自然首先想弄清楚，究竟是什么样的特殊原因使得患者做出如此严重的反应。但除了这些特殊原因之外，我们往往会发现，不幸的经历会造成更深的绝望感。同样，总想着死，随时会有自杀的念头——不管带不带感情——都体现出了患者无处不在的绝望感，即使患者表现出乐观的样子。一种漫不经心、不把任何事情当回事的态度——无论是在分析治疗的过程中还是在平时——

跟一遇困难马上气馁的态度一样，也是绝望感的一种表现。弗洛伊德提出的消极治疗反应这一概念中的很大一部分便属于这个范畴。一种新的见解（即使令人痛苦，但也是个出路）可能只会使患者更加气馁，只会使他不愿意再去克服困难、解决新问题。有时，这看起来似乎是患者不相信自己能克服那种困难，但实际上这表现出的是他不敢希冀自己能从中有所收获。在这种情形下，他免不了会抱怨那种新见解使他感到受伤和害怕，也免不了会因为分析治疗师使他心烦意乱而怀恨在心。患者一心想着预见和预言未来，这也是绝望感的一种表现。虽然表面上看来这像是对生活的一般性焦虑，怕发生不测，怕走弯路，但是我们可以观察到，在这种情况下，患者的看法总是带有悲观主义的色彩。像希腊神话中的预言家卡桑德拉公主一样，许多神经症患者所预见的大多数是灾祸，极少是幸福。这种对生活的黑暗面而不是明面的关注应当使我们想到患者更深沉的个人绝望感，无论他们怎样费尽心思地将其合理化。最后一点，患者还有一种慢性的抑郁状态，这种状态可能深藏不露、难以察觉，因此往往不会让人觉得是抑郁。饱受这种苦楚的个体或许可以正常生活。他也可以心情愉悦，玩得开心，但若要他在早上打起精神、振作起来，或者说忍受生活，却需要他花费几个小时。生活对他来说总是一成不变的重负，他对此已经麻木，也不再抱怨。但他的精神却总是非常低迷。

虽然绝望感产生的原因往往是潜意识的，但是绝望感本身可以被患者在意识中相当强烈地感受到。一个人可能总是非常悲观。或者，他对生活总是有着听天由命的态度，想不到任何好事，只觉得这种生活只有去忍受。或者，他会以哲人的口吻去表达，实际上不过是在说生活本质上就是悲剧性的，只有傻瓜在面对无法改变的命数时才自欺欺人。

刚开始接触这些患者时，医生便已经感受到了他们的绝望感。患者可能一丁点儿的牺牲、一丁点儿为难的事都不愿去做，一丁点儿的险都不愿去冒。于是，他可能会显得非常纵容自己。但事实上，既然他不指望从牺牲中得到什么，他也就觉得自己没有必要去做出牺牲。在分析治疗的过程之外也可以看到他类似的态度。患者处在不如人意的处境中时，虽然只要稍稍努力便可改善这种处境，却依然会安于现状，不去改变。患者可能已被自己的绝望感搞得无法动弹，以至于一般的困难对他来说也像是无法逾越的鸿沟。

有时，医生随意说的话便会让他意识到这种状态。医生只是说某个问题还没解决，还需要继续分析，患者便可能会有这样的反应："你不觉得这很没有指望吗？"当他意识到了自己的绝望时，往往也说不出原因。他很可能把它归咎于外在因素，从他的工作、婚姻到政治地位，但绝不是因为某种具体或暂时的情况。他感到自己不可能使生活有什么乐趣，不可能得到快乐或自由。他感到自己永远无法得到那些能给生活带来意义的东西。

或许，索伦·克尔凯郭尔已给出了最深刻的回答。他在《致死的疾病》一书中说道，所有的失望从根本上说都是对未能做自己的绝望。各个时代的哲学家都强调过做自己的重要意义，也说过情感中的绝望感使我们无法做到这一点。这也是禅宗佛教经文的中心思想。在现代学者中我只摘引约翰·麦克马雷[①]的一段话："我们的存在除了充分、彻底地做自己之外，还有什么别的意义吗？"

绝望是未解决的冲突所造成的最终产物，其根源在于患者放弃了保持身心统一不被分裂的希望。大量的神经症冲突导致了这一状态。其最基本的感受是觉得自己像鸟儿被囚进笼子里一样，没有脱身的可能。除此之外，患者为了解决冲突做出过各种尝试，它们不仅以失败告终，而且还使患者更加与自我疏离。重复

① 约翰·麦克马雷，《理智与感情》，阿普敦世纪出版公司，1938年。

性体验只会加深他的绝望感——患者的尝试从未取得成功，要么是因为他的精力一次又一次地被分散到过多的方面，要么是因为他一进行创造性工作便会遭遇困难，而且足以阻止他继续努力。这种情况也适用于他的恋爱、婚姻、友谊等，它们都一个接一个地破碎了。这种不断重复的失败使他万分沮丧，这就像实验室的小白鼠一样，它被设定跳到特定的小门处获取食物，但它跳了一次又一次，结果都发现那个小门是锁着的。

此外，还有一种使他绝望的事情，那就是他想成为理想化形象的样子。很难说，它在产生绝望感的因素中是否是最强有力的一个。然而，毫无疑问的是，在分析治疗的过程中，当患者意识到自己远不是自己想象的那种绝无仅有的完人时，他的绝望感便会表现得淋漓尽致。他在这时之所以会绝望，不仅是因为他再也不敢希冀达到那种辉煌的高度，更是因为他一旦认识到这一点便会感到深深的自我鄙夷，而这种自卑又使他再也不敢希冀自己能做成什么大事，无论是在爱情中还是在工作中。

最后，还有一个使患者感到绝望的原因，那就是，患者在生活中，不再把重心放在自己身上，而是放在外部因素上，这样一来，他不再是自己生活的原动力了。其结果是，他不再相信自己，不再相信自己可以作为健全的人而发展；于是他会自暴自弃——这种态度虽然可能不被人们察觉，但后果却非常严重，足以称作精神死亡。正如克尔凯郭尔所说："但是，尽管他非常绝望……他还是可以……继续好好地活下去，照样忙于凡尘琐事，娶妻生子，功成名就——也许没有任何人会注意到，从更深层的意义上来讲，他缺乏自我。对于这件事情，世人是不会关注的。因为自我是世人最不会去过问的东西，对于个体来说，一切事情中最危险的，莫过于让人们注意自己的自我。失去自我的这种危险可能会悄无声息地来临，似乎什么也没有发生；而其他任何损失，比如一只手臂、一条腿、几块钱、一个妻子等，绝对会被注意到。"根据我的指导经验，我了解到，绝望感往往不会被分析治疗师清晰地把握，因而没有被恰当地处置。我的有些同事会因为患者的绝望而不知所措——他们意识到了这一点，但却没把它当回事——以至于他们自己也会感到绝望。医生的这种态度对分析治疗而言是致命的，因为无论他的技术多么高明，方法多么大胆，患者仍会感觉到医生其实已经放弃他们了。在分析治疗之外的情况也是如此。如果一个人不相信同伴有发挥潜能的可能，那么他就不可能成为一个能提供建设性帮助的朋友或伙伴。

有时，我的同事们又犯了与之恰恰相反的错误，他们太过于关注患者的绝望感。他们觉得病人需要鼓励，于是便给他们鼓励——这样做固然可行，但却不够。当医生这样做时，患者即使感激医生的好心，但还是会觉得他搅扰到了自己。因为在内心深处，患者知道自己的绝望感不只是一种简单的情绪问题，医生的好心鼓励并不能将它驱散。

为了抓住要害，直接处理这个问题，我们有必要首先从上述的间接表现认识患者的绝望感和绝望的程度。然后，我们还得明白他的绝望感完全来源于他的内心冲突。分析治疗师必须认识到这一点，还应该把这一点清楚地传达给患者，只要患者的处境持续存在并且他又觉得无法改变，他的神经症才是无可救药的。这个问题在契诃夫的戏剧《樱桃园》的一幕中出现过。有一家人面临破产，一想到要离开他们的庄园和可爱的樱桃园，便非常绝望。一个他们雇来的顾问向他们提了一个很好的建议，在庄园某个位置修一些供出租的小房子。由于思想守旧，他们无法赞同这个计划，而又找不到别的办法，便仍然十分绝望。他们好像从没听到过这个建议一样，可怜巴巴地问有没有人能指点一下，施以援手。如果那个顾问是个好医生，他会说："你们的处境的确很困难，但真正使事情变得绝望的是你们自己对它的态度。如果你们愿意考虑改变自己对生活的要求，就根本不用感到绝望了。"

是否相信患者能真的改变，从根本上讲，即是否相信患者能真的化解冲突，决定了分析治疗师敢不敢处理这个问题，也决定了他是否有可能取得成功。正是在这一点上，我与弗洛伊德有着十分明显的分歧。弗氏心理学及其哲学基础在本质上是悲观主义的。这在他对人类未来的看法[①]和对治疗的态度[②]上表现得尤其明显。基于他的理论前提，他只能选择悲观主义。在他看来，人受本能的驱使，而本能最多只能通过“升华”得到改变。人对满足感的本能欲望在社会中会不可避免地受挫，他的“自我”永远在本能欲望与“超我”之间左右摇摆，而“自我”本身也只能被修饰。“超我”本质上是令人生畏的，非常有破坏性。真正的理想并不存在。对自我实现的追求其实是一种“自恋”。人在本质上是破坏性的。“死本能”驱迫着他要么去毁灭他人，要么去受苦。所有这些理论都没承认积极的态度可以给人带来改变，从而限制了弗洛伊德极具潜能的治疗法的价值。与此相反，我认为，神经症中的强迫性倾向并不是本能的，而是来源于紊乱的人际关系；随着人际关系的改善，这些倾向能够发生改变，而且它所造

① 西格蒙德·弗洛伊德，《文明及其缺憾》，载于《国际精神分析文库》，第十七卷，莱昂纳多与伍尔夫编辑，1930年。

② 西格蒙德·弗洛伊德，《可终止与不可终止的分析》，载于《国际精神分析杂志》，1937年。

成的内心冲突也能真正得到化解。这并不是说，基于我这种理论的治疗方法没有任何局限性。要搞清楚它到底有哪些局限性，还需要做大量的工作。但我的确相信，我们有充分的理由去相信根本性改变是有可能发生的。

那么，认识和处理患者的绝望感为什么如此重要呢？首先，这在处理诸如抑郁和自杀倾向等特殊问题时很有价值。我们真的能够简单地通过揭露患者正在遭受的那些内心冲突来消除病人的抑郁，而不必触及他的普遍绝望感。但如果我们想防止抑郁的复发，就必须触及他的绝望感了，因为它正是引发抑郁情绪的更深层的根源。除非去探寻这个根源，否则，我们也无法应对难以察觉的慢性抑郁症。

对于自杀倾向来说，也是如此。我们知道，诸如极度绝望、藐视、报复心等都可以导致自杀冲动；但在自杀冲动表现出来之后再去预防自杀往往就太迟了。医生如果对患者最不起眼的绝望迹象也倍加留意，并适时地和他一起处理他的问题，那么，便可避免许多自杀事件。

更具普遍性意义的是，患者的绝望感阻碍了所有严重神经症的治愈。弗洛伊德倾向于把一切妨碍病人好转的东西称作“阻抗”。但我们绝不能这样看待绝望感。在分析治疗的过程中，我们必须处理阻力与动力这两种力量的相互作用。“阻抗”是一个统称，指的是病人内心维持现状的所有因素。而他的动力却来自于内心的一种建设性力量，这种力量促使他去追求内心的自由。这正是我们工作的动力，没有它，我们什么也做不成；也正是这种动力帮助患者克服阻抗。它使患者产生丰富的联想，从而使医生更好地理解患者。它给患者以内心的力量，去承受成长过程必然带来的痛苦。它使患者甘愿冒险，摒弃曾给自己带来安全感的态度，跃入对人对己的新的未知态度中。医生不可能拖着患者走完这一过程；患者自己也得想走才行。这种宝贵的动力正是因为患者的绝望感而瘫痪了下来。医生如果没有认识到这种动力并加以利用，便在与患者神经症的战斗中失去了最得力的盟友。

患者的绝望感并不是单独哪种解释就能解决的问题。如果患者开始意识到绝望感的确是个问题，并且最终是能够解决的，而不是陷于绝望之中，认为它无法改变，那么我们就已经取得实质性的收获了。这一步足以将患者解放出来，使其可以继续前行。前进的道路上自然会有颠簸起伏。如果他获得了有益的见解，便会感到十分乐观，甚至过分乐观，而一旦遇到更麻烦的问题便又会陷入绝望感之中。尽管每次都要重新对待那些问题，但只要他认识到了自己实际上是能够做出改变的，它对患者的束缚便会减弱。他的动力也会随之增强。在分析过程刚开始时，这种动力也许只是患者想摆脱最烦心的症状的一个小小愿望。但随着患者越来越意识到他的桎梏，随着他尝到了自由的滋味，这种动力便会愈加强大。

第十二章　虐待狂倾向

陷入神经症性绝望的个体总能用这样或者那样的办法“照常生活”。如果他们的创造力还没有被神经症造成太大的破坏，他们或许还能有意识地使自己安于个人生活的现状，把心思放在能够有所作为的事情上。他们可能沉浸在社会或宗教活动中，或者热衷于打理某个机构的事务。这些人的工作或许有点成效；他们虽然缺乏热情，但也没有居心叵测，所以也就无所谓了。

还有些人在努力适应某种生活模式的过程中，可能会停止对这种模式的质疑，但也不会赋予其多大意义，而只是想完成自己的义务。约翰·马昆德[①]在《时间太少》中描述过这种生活。我想，这也正是埃利希·弗洛姆[②]所谓的“缺陷”状态，他没有称之为神经症。不过，我却认为它是神经症的结果。

另外，患者可能会放弃一切大有希望的认真追求，而转向生活的边缘，想从中获得一星半点儿的乐趣，他们要么沉醉于某些癖好和它们带来的乐趣中，比如美味佳肴、狂欢滥饮、寻花问柳等；要么就破罐子破摔，一蹶不振。因为无法有始有终地做任何工作，所以他们爱上了吃喝嫖赌。查尔斯·杰克逊在《失去的周末》中所描述的酗酒状态，就是这种状态最终结局的写照。谈到这一点，我们也不妨思考一下，患者潜意识的自暴自弃是否也是导致诸如结核病和癌症等慢性病的一种重要的心理因素呢，这种思考十分有趣。

最后，失去了希望的患者的破坏性会变得很强，同时又试图

---

① 约翰·马昆德（1893—1960），美国作家。——译者注

② 埃利希·弗洛姆，《神经症的个人与社会根源》，载于《美国社会学评论杂志》，第九卷，第四期，1944年。

通过代偿性生活使自己恢复原状。这在我看来就是虐待狂倾向。

因为弗洛伊德认为虐待狂倾向出于本能，所以精神分析的重点主要集中在所谓的“倒错的虐待狂”上。日常人际关系中的虐待狂模式虽然没有被忽视，但也没有严格的界定。任何一种咄咄逼人、针锋相对的行为都被他们看作是本能性虐待狂倾向的变种或升华。比如，弗洛伊德就把对权力的追求看作这样的一种升华。诚然，对权力的追求可能带有虐待狂性质；但是对一个把生活看作万事万物互相争斗的战场的人来说，这只是一种求生的拼搏。实际上，这根本不一定是神经症。由于缺乏分辨力，我们既无法全面地把握虐待狂态度可能采取的形式，也无法对虐待狂倾向的概念定一个确切的标准。要决定什么是虐待狂，什么不是，最主要的还是靠个人的直觉——而这种情况无助于准确的观察。

仅凭伤害他人这种行为本身还不能说它就是虐待狂倾向的表现。个体可能是陷入了个人的或者普遍性的争斗，不得不伤害他的对手，也不得不伤害他的盟友。对他人的敌意也可能只是一种针对具体事件的反应。个体可能自觉受了伤害或惊吓，所以奋起反击，反击的力度虽然超出了其受到的客观挑衅的力度，但个体在主观上觉得一点儿也不过分。然而，患者在这一点上很容易自欺欺人，他们往往会把真正的虐待狂倾向看作合情合理的反应。

虽然很难区分这两者，但这并不是说对事件的反应性敌意就不存在。最后，攻击型患者会把自己的攻击手段看作一种为了求生而进行的奋斗。我不应当把所有攻击行为都称作虐待狂倾向；虽然他人在这个过程中的确可能受到了伤害，但这种伤害并不是患者的主要意图，而只是一种难以避免的副产品。简而言之，我们可以说，尽管这里提到的那些行为是带有攻击性的，甚至是带有敌对性的，但它们并不是出于患者的恶意。患者并不能从伤害本身得到任何有意识的或潜意识的满足。

作为对照，让我们来看一下某些典型的虐待狂态度。我们在这类人身上可以观察得最透彻，他们相当肆无忌惮地表现出对他人的虐待倾向，无论他们自己对此种倾向是否有所意识。当我在后文提到有虐待狂倾向的个体时，我所指的是那种对他人主要持虐待性态度的人。

这种人可能想“奴役”他人，尤其是奴役其同伴。“受害者”与他的关系必须是奴隶与超人的关系，这种奴隶不仅没有愿望、情感、主动性，而且对主人没有任何要求。这种虐待狂倾向可能表现为对受害者的塑造与教育，就像萧伯纳创作的话剧《皮格马利翁》中希金斯教授对伊丽莎的塑造一样。在最好的情况下，这种表现也可以有建设性的一面，比如父母对子女，教师对学生。偶尔，这种积极作用也可见于两性关系中，特别是当有虐待倾向的一方比对方成熟时。有时，这也见于一大一小两个男人的同性恋关系中。但即使是在这种关系中，如果“奴隶”有任何想按自己的意愿行事的表现，想有属于自己的朋友和兴趣爱好，那么主人就会原形毕露。主人虽然不是一成不变地，但也常常在心头萦绕着占有欲和嫉妒感，并把它们用作一种折磨手段。这种虐待关系特有的表现是，对受害者进行掌控远比个体自己的生活更加重要。他会不在意自己的工作，放弃与别人交往的乐趣和好处，也绝不给他的同伴任何独立自主的可能。

他奴役同伴的方式也很独特。这些方式大同小异，而且取决于双方的人格结构。施虐者会给受虐者一点点恩惠，让他觉得这种关系值得维持。施虐者会满足受虐者的某些要求——从精神层面来说，他所给予的这些恩惠大多数时候也只够让受虐者维持最低要求。但施虐者会向对方强调自己所给予的是独一无二的。他会说，没有谁能像我一样理解你、支持你，能如此满足你的性需求，给你如此多的乐趣；实际上，除了我以外，没有谁能受得了你！他会再一次用未来的好日子来诱惑对方，使两者的关系得以维系——明示或暗示他会给对方爱、婚姻、更好的经济状况、更好的待遇。有时，施虐者会向同伴强调自己很需要受虐者，并以此来吸引他。施虐者的占有欲极强，经常看不起他人，这使得他把受虐者与他人隔离开来，于是他所有的伎俩都会行之有效。当受虐者完全依赖他后，他最后又可能扬言要离开。他用的威胁手段还有很多，不过它们有其自身的特点，因此会在后面单独讲述。如果不考虑同伴的性格特征，我们自然就无法理解这到底是怎样的一种关系。受虐者往往属于顺从型，害怕被抛弃；或者，他们还可能是这样一种人，把自己的虐待狂倾向深深地压抑了下去因而变得十分无助——这在后文也会讨论到。

这种情况中产生的互相依赖不仅会使被奴役者，也会使奴役者感到怨愤。如果后者对离群独处的需要增强，那么，他会因为被奴役者占用自己太多的思绪和精力而心生憎恶。但是，他没有意识到是他自己一手造成了这种牵绊，却责怪对方太贪心、太黏人。在这种时候，他想抽身离去，不仅是一种威胁对方的手段，同样也是恐惧和不满的表现。

并非所有虐待狂都想奴役他人。还有一种表现，就是玩弄他人的感情，就像摆弄一件乐器一样。索伦·克尔凯郭尔在他的小说《诱奸者日记》中讲述了这样一个人，他对自己的生活没什么期望，却深谙这种感情游戏之道。他知道应该在什么时候表现出兴趣，在什么时候表现出漠不关心。他能极其敏感地预感和观察女孩对他的反应。他知道什么能够唤起她的情欲，什么能够浇灭她的情欲。但是，他的敏感性只限于虐待性游戏所需要的范围：他完全不在乎这种经历对女孩的生活意味着什么。克尔凯郭尔的小说中描写的是有意识的老谋深算，而在实际情况中这些人这么做往往是潜意识的。尽管如此，实际情况也是同样性质的游戏：它包含着吸引与拒绝，引诱与辜负，抬高与贬低，欢愉与痛苦。

虐待狂的第三类特点是利用同伴。利用他人的行为并不一定是虐待狂所特有的表现；采取这种行为，有可能只是为了捞到好处。在虐待性利用中，捞取好处可能也只是其中一个目的，但是这种“好处”常带有幻想的性质，与他对其投入的感情完全不匹配。对施虐者来说，利用行为本身就是他的乐趣所在，关键在于占了他人上风的这种胜利体验。它所特有的虐待性色彩表现在为利用他人而采取的手段上。受虐者直接或间接地受到他不断增加的大量要求，如果满足不了他的要求，便被弄得感到十分自责和羞耻。施虐者总能找到各种借口说自己受到了不公正的待遇，因此有理由提出更多要求。易卜生在戏剧《海达·高布乐》中向我们展现了，即使满足了这种要求，施虐者也绝不会感激，而他提出这些要求，正是因为他意欲伤害对方，让他就范。这些要求可能是关于物质的、关于性的，或是有关帮助施虐者建立事业的，也可能是要求同伴特别关注自己，一心一意、逆来顺受的。这些要求的内容并不是虐待性行为所特有的，它们的本质在于：施虐者要求同伴想尽办法来填充其感情空虚的生活。这一点也充分地表现在海达·高布乐身上，她老是抱怨生活无趣，缺少刺激和激情。她这种像吸血鬼一样汲取他人的情感力量以维持生存的需要通常来说完全是潜意识的。但这很可能就是她渴望利用他人的深层原因，这也正是滋养着她种种非分要求的沃土。

如果我们意识到施虐者在利用他人的同时，还有一种想挫败他人的倾向，那他的这种行为的本质便更显而易见了。当然，如果你要说施虐者从没想过给予，那也不对。在某些时候，他甚至会非常慷慨。虐待狂的一个典型特征，不是一毛不拔的吝啬，而是一种虽然潜意识的但却更加积极主动的想挫败他人的冲动——剥夺他们的快乐，辜负他们的期望。同伴的任何满足或乐观都必然会激起施虐者想方设法将其毁掉的欲望。如果同伴很想见他，他便露出不快。如果同伴想做爱，他便性冷淡或者阳痿。他要么什么都不愿去做，要么就不做任何积极的事情。他浑身散发着忧郁的气息，就像一种让人吃了就会抑郁的药。引用阿尔多斯·赫胥黎[1]

---

① 阿尔多斯·赫胥黎，《时间须静止》，哈珀兄弟出版公司，1944年。

的话是："他不需要做什么，他往那儿一站就够了。人们一经传染便会枯萎发黑。"他稍后还说："这是怎样一种对权力欲的粉饰，怎样一种披着优雅外衣的残忍啊！这又是怎样一种特异功能啊，它的阴霾居然有如此大的传染性，连最高昂的情绪也会被它击溃，任何一点快乐的可能也会被它扼杀。"

与上述表现同样重要的，还有虐待狂的另一种倾向，那就是患者总想蔑视和羞辱他人。他特别热衷于找茬，并向他人指出他在他们身上挑出的毛病和发现的弱点。他凭直觉就知道什么东西会让他人十分敏感并会因此而受伤。他总喜欢用自己的直觉无情地批评、贬低他人。这种行为可能会被他合理化为一种真诚坦率，也可能会被他合理化为想帮助他人的这种愿望。他可能认为自己会因为怀疑他人的能力或正直而真的感到不安——但假如别人质疑他的这种怀疑是否是真心的，他便会惶恐。这种倾向也可以仅仅表现为一种多疑。他会说："要是我能够信任那个人就好了！"但是倘若他在梦中不是把那个人变成臭虫就是变成老鼠，他又怎么会信任那个人呢？换言之，他对别人的不信任，可能仅仅是因为他打心底里蔑视他人。如果施虐者没有意识到自己的这种蔑视他人的态度，那他便会只看到自己因此产生的对他人的不信任感。我们更应当称之为一种对吹毛求疵的热衷，而不仅仅是一种倾向。他不仅把自己的探照灯照向了他人的实际缺陷，还极擅长把自己的过失外化，从而搭起一个用来防范他人的箱子。假如他的行为搅扰到了某人，他便会立马显得对那个人的情绪波动非常在乎，甚至看不起。假如正受他威胁的同伴对他不太坦诚，他便会因为同伴的隐瞒或撒谎而对他严厉斥责。若同伴太过依赖自己，他同样会对同伴严厉斥责，而这种情况却是他自己一手造成的。他对同伴的这种损害不仅表现在语言上，同时还表现在各种蔑视行为上。带羞辱性和蔑视性的性行为可以说是其中的一种表现。

当他以上的各种欲望受挫时，或者当事态反转，施虐者感到自己被掌控、被利用、被蔑视时，他便会怒发冲冠，像发疯了一样。于是乎，在他的想象中，再怎么折磨那个冒犯者，都难解他心头之恨。他可能会拳脚相向，想把对方碎尸万段。这种虐待狂性质的愤怒表现也可能被压抑，代之以一种急性惊恐发作的状态或者某种功能性躯体障碍，这都说明施虐者的内心紧张感增强了。

那么，这些虐待狂倾向意味着什么呢？是什么样的心理需求迫使患者有如此残忍的行为呢？有些人认为虐待狂倾向是性欲倒错的一种表现，事实上，这种假设乃无稽之谈。诚然，它们可以表现在性行为当中。在这一点上，它们并不例外，也服从一条普遍的规律，那就是，我们的一切态度都必然会在性的方面有所表现——就像它们必然会在我们的工作方式、步态、字迹等方面有所表现一样。还有一点，许多虐待狂性质的追求之所以能得以维持，是因为某种兴奋，或者像我不断在说的那样，是因为澎湃的激情。然而，倘若就此得出结论，说这种兴奋或激动的情绪在本质上是关于性的，哪怕个体对它们的感受并非如此，这就需要一个前提，那就是各个兴奋本身都是关于性的；但并没有证据能够支持这个前提。从现象学上来说，虐待狂性质的兴奋与性爱的放纵在本质上是截然不同的。

如果说虐待狂冲动是婴儿时期该倾向的延续，这种说法有一定的说服力，因为小孩儿往往会对动物或更年幼的孩子比较残忍，而且显然也会从中收获乐趣。鉴于这种表面上的相似性，有人可能会说，成人的虐待狂倾向只是孩童时期残忍本性的修正；但事实上它不仅仅是一种修正：成人虐待狂倾向的残忍性与孩童时期的残忍性在种类上是不同的。如我们所知，它与孩童时期的残忍性有着截然不同的特征，这些特征是儿童直截了当的残忍行为所不具备的。儿童的残忍行为似乎只是因为感到被压迫、被羞辱而产生的一种比较简单的反应，他通过对那些更弱的家伙实施报复来坚持自己的权力。确切地说，虐待狂倾向更为复杂，有着更为复杂的根源。此外，像每一种试图用童年经历来直接解释成人的怪僻行为一样，这种比较也避开了一个非常重要的问题：到底是什么因素导致了童年残忍行为的延续和进一步发展呢？

上述每一种假设都只关注了虐待狂的某个单一的方面——一种关注的是性欲，另一种关注的是残忍行为——而且哪怕是这两种特点它们也都解释不清楚。埃利希·弗洛姆[①]所给出的解释也是如此，尽管他的解释比其他人更加接近本质。弗洛姆指出，虐待狂患者并不是想毁掉那个他所依附的人，而是因为他不能独立生活，必须依靠同伴一起完成一种共生性的生存。事实的确如此，但它还不足以解释个体为什么会被驱迫着去随意摆弄他人的生活，或者为什么会用这样那样的具体形式随意摆弄他人的生活。

如果我们把虐待狂看作一种神经症症状，那么我们照例不能先去试图解释这种症状，而是要去努力理解引起这种症状的人格结构。当我们从这个角度考虑该问题时，我们认识到，那些对自己的生活不会产生强烈无用感的人，绝不会有明显的虐待狂倾

① 埃利希·弗洛姆，《逃避自由》，莱因哈尔特出版社，1941年。

向。远在我们通过临床观察发现这种情况之前，诗人们便已经在直觉上感觉到了。无论是在海达·高布乐身上，还是在诱奸者身上，都谈不上使自己有所作为，使生活有点意义的任何可能。如果在这种状态下，个体无法妥协，便必然会变得怨天尤人。他永远会觉得自己受排挤，永远一败涂地。

因此，他开始厌恶生活，厌恶生活中的所有积极面。他在厌恶的同时，还有一种嫉妒情绪油然而生，针对的是那些拥有他所渴望之物的个体。这是感觉自己被生活抛弃的一种痛苦，一种不悦的嫉妒。尼采将这种状态称为“Lebensneid”，德语中也是嫉妒之意。他并不认为别人也有别人的不幸，他觉得：“他们”坐在餐桌旁，而他却饥肠辘辘；“他们”在恋爱、创造、欢悦、健康、自在、有所归属。“他们”的幸福和对快乐的“天真”企盼只会激怒他。如果他得不到幸福和自由，旁人何以能够如此呢？引用陀思妥耶夫斯基的小说《白痴》中那个白痴的话来说就是，他不能原谅他们的幸福，他必须践踏别人的幸福。这种心态在一位患肺结核的老师身上有生动的表现，他在学生的三明治上吐痰，并因为自己能把它们捏得粉碎而得意。那是一种有意识的报复性嫉妒行为。而虐待狂想挫败和击溃他人兴致的这种倾向，通常是深深掩藏于潜意识当中的。但其用心与那位老师同样险恶：

把自己的不幸分给他人；如果别人也像他一样一败涂地、一蹶不振，他的悲苦便会缓解，因为他不再觉得只有自己在受苦。

为了缓解这种令人苦不堪言的嫉妒情绪，还有另一种方法，那就是“酸葡萄”策略，他把这种策略运用得如此巧妙，以至于连那些训练有素的观察者也能被轻易地骗过。事实上，他的嫉妒心掩藏得如此之深，他自己都会因为别人暗示了它的存在而对他们大加讽刺。他只关注生活中痛苦、沉重或者丑陋的一面，这表现的不仅是他的辛酸苦楚，更表现了他想向自己证明他并没错过什么。他总是吹毛求疵，贬低他人，这在一定程度上也发端于这种心态。比如，他会关注一个美女身上不太完美的部位；进了一间屋子，他会把目光放在与其他家具的颜色、尺寸不太搭的家具上；他会挑出某个出色演讲中的唯一一处不足。同样，别人的生活、性格或动机中的任何一点错误，在他看来都是很严重的。如果他比较圆滑世故，便会把这种倾向说成是因为自己对不完美的事物极为敏感。但事实上，他只专注于这些东西，对其余一切都视而不见。

即使他能够缓和自己的嫉妒情绪，卸下怨愤，但他的这种看扁一切的态度反过来会引起一种永久的失望与不满。比如，如果他有子女，他想的主要是他们所带来的负担和责任；如果没有子女，又会觉得自己的人生缺少了最重要的东西；如果他没有性伴侣，他觉得自己有某种缺失感，想到禁欲的可怕前景便会忧心忡忡；如果他有性伴侣，又会因此觉得很丢脸和羞耻；如果他外出游玩，他会因为各种不便而恼火；如果他不能出去游玩，他又觉得宅在家里很丢人。由于他想不到自己的长期不满根源于自己的内心，他便觉得有理由让别人知道他们是怎样辜负了他，而且有理由无休止地提出更高的要求，但即使别人满足了他的要求，他也从来不会满足。

这种充满怨恨的嫉妒心，看扁一切的倾向以及由此引起的不满，在一定程度上导致了某些虐待狂趋势。我们明白了虐待者为什么非要挫败他人，强加给他人伤害，吹毛求疵，贪得无厌。但我们如果不去深入思考绝望感对他的人际关系所造成的影响，便无法领会它的破坏程度，也无法理解他自以为是的态度。

尽管他违背了人性美德最基本的要求，在他心中同时供奉着一个十分高尚、十分严格的理想化道德标准。他是这样一种人（我们前面提到过），他知道自己永远达不到这种标准便灰心丧气，于是有意识或潜意识地干脆“破罐子破摔”。他可能真的会变成一个“渣男”，并感到一种不顾一切的快意。但他的这种行径只会加大理想化形象与真实形象之间的裂隙，使其变得无法填补。他觉得自己已经无可救药，十恶不赦了。他的绝望感变得更深，反正都已经一无所有了，于是便更加肆无忌惮。只要这种状态持续下去，他其实就不可能对自己持一种建设性态度。任何想使他变得积极向上的直接行为都必然会不了了之，反而会表现出治疗师对患者情况的无知。

他的自我厌恶程度如此之深，以至于连他自己都不敢正视自己。他便只好使自己强大起来与之抗衡，于是，只好加强身上已有的自以为是的盔甲。他人的一点点批评、忽视或者不赏识，都可能唤起他的自卑感，因此必定会被他当作一种不公而加以拒斥。于是乎，他不得已才把自卑感外化，转而责怪、训斥、羞辱他人。然而这却使他自投罗网，陷入了一种恶性循环。他越蔑视他人，便越意识不到他自己的自卑感——而这种自卑感越强烈、越残酷，他便越绝望。于是，对他人的攻击便成了一种自我保护的方法。这种过程在前面的例子中已经描述过，那个患者抱怨她的丈夫优柔寡断，而当她意识到她所恼怒的其实是自己的优柔寡断时，便恨不得把自己碎尸万段。

如此看来，我们便开始理解虐待狂患者为何一定要责难他人了。我们现在也明白患者想改造他人，或者至少改造同伴的这种强迫性并且往往也带有狂热性的欲望之中的逻辑了。由于他自己达不到理想化形象的标准，他的同伴就得达到才行；并且一旦同伴没有做到，他便会把对自己的熊熊怒火全都发泄到同伴的身上。他有时也会问自己："我为什么就不能由他去呢？"但很显然，只要内心的冲突还在持续而且被患者外化，那么这种比较理性的想法就不会有什么用。他通常会把自己对同伴施加的压力合理化为一种"爱"，或者是关心同伴的"成长"。毫无疑问，这压力并不是爱也不是为了让同伴依照自己的想法和内心法则去发展。事实上，他是想强加给同伴一项无法完成的任务，那就是实现施虐者自己创造的理想化形象。他为了对抗自卑感而建立起来的这种自以为是的态度，使得他在这么做的时候，有着一种自命不凡的信心。

对这种内心挣扎的理解使得我们对虐待狂症状所固有的另一个更加普遍的因素有了更好的认识，那就是一种如同毒药般浸透患者人格中每一个细胞的报复心。他之所以有并且必须有这种报复心，是因为他把自己强烈的自卑感外化了。他的自以为是使他觉得出现的问题跟自己毫不相干，于是他便会认为自己才是受辱者、受害者；由于他不明白他所有的绝望其实都源自他的内心，便自然会把绝望的到来归咎于他人。他们毁了他的生活，他们必须为此付出代价，必须自食其果。正是这种报复心吞噬掉了他内心所有的同情和怜悯。我凭什么要同情那些毁了我生活的人——况且他们过得还比我好！在个别的情形中，他的报复欲是有意识的，比如针对他的父母时；但是，他没有意识到，这其实是一种渗透在他全身的一种性格倾向。

截至目前，我们看到的虐待狂患者是这样一种人，他觉得自己受到排挤，而且觉得一切都是命中注定，于是便为所欲为，产生一种仇世的态度，把怒火发泄到他人身上。我们现在也明白了，他是想通过让他人不幸来缓解自己的痛苦。但这绝不是全部的解释。单靠破坏性倾向还不能解释多数虐待性追求所表现出的如此澎湃的激情。这其中必定还有某些好处，某些对施虐者来说更重要的好处。我这样说似乎显得有些自相矛盾，因为我在前面说虐待狂是绝望的结果。一个绝望的人怎么可能会有什么希望？还能去追求这种希望？更何况是如此全心全意地追求呢？然而，实际情况却是，患者主观地认为自己可以得到很多好处。非难他人不仅缓解了他忍无可忍的自卑感，同时还给了他一种优越感。改造他人不仅使他收获了一种令人振奋的对他人的掌控感，还使他为自己的生活找到了一种替代性意义。他在榨取他人的感情时，也为自己提供了一种替代性的感情生活，缓解了自己的情感贫瘠。当他打败别人时，他得到了一种胜利的得意，这模糊掉了他自己绝望的失败。这种对报复性胜利的渴求，或许是他最强大的动力。

他所有的追求也都是为了满足他对激情与兴奋的饥渴。一个健康且内心平衡的个体不会需要这种激情。他越是成熟，便越会在意它们。但虐待狂患者的感情生活是空虚的，除了愤怒感和胜利感之外，几乎所有的情感都已被扼杀掉了。他的内心充溢着一片死寂，所以需要些猛烈的刺激才能感觉到自己还活着。

最后还有一点也很重要。他对别人的虐待能给他一种力量感和自豪感，这加强了他潜意识的无所不能感。在分析治疗的过程中，患者对自己这种虐待狂倾向所持的态度经历着深刻的改变。当他第一次意识到自己有这种倾向时，他很有可能会对其持有一种批判性的态度。但他所暗示的这种拒斥并不是真心实意的；而只是根据当前的社会标准嘴上说说罢了。他时不时也可能会有自我厌恶的表现。不过，到了后来，当他正准备放弃虐待狂的生活方式时，他可能会突然觉得自己马上会失去一种很宝贵的东西。于是，他便第一次有意识地体验到，自己会因为能对他人为所欲为而欢欣鼓舞。他可能会表示担忧，唯恐分析治疗会把自己变成一个让人看不起的弱者。在分析治疗的过程中常常会有这种情形发生，患者的这种顾虑有他的主观依据：一旦他丧失了力量，不再能够强迫别人服务于自己的情感需要，便会觉得自己很可怜、很没用。他迟早会明白，自己从虐待行为中得到的力量感和自豪感只是一种可怜的替代品。这对患者来说之所以会如此宝贵，是因为真实的力量感和自豪感对他而言遥不可及。

当我们明白了患者从虐待行为中收获的这些所谓的好处的本质之后，便能明白绝望者也是有可能有某种狂热的追求的。我所说的这句话并没有自相矛盾。但他所追求的并不是更大程度的自由或者更高水平的自我实现，造成他的绝望感的所有因素依然没有改变，他也不指望改变它们。他所追求的只是一种替代物。

他的情感收获也是通过替代性生活实现的。做一个虐待狂意味着在生活中对他人有很强的攻击性，大部分时候还有很强的破坏性。但对一个彻底的失败者而言，这是他唯一的生活方式。他在追求目标的过程中表现出来的那种肆无忌惮，是一种出自绝望的无所顾忌。他本就一无所有，自然只有得到的可能。从这一点上来说，虐待狂的追求是有积极目标的，所以应该被看作一种企图获得补偿的行为。他之所以如此狂热地追求目标，是因为通过战胜他人，虐待狂患者能够忘却自己悲惨的挫败感。

这些追求自带的破坏性成分不可能不对患者本人造成不良影响。我们已经说过它会加重患者的自卑感。另一个同样重要的不良影响是使患者产生焦虑情绪。这在部分程度上是因为患者害怕受虐者会反戈一击：他害怕别人会以其人之道还治其人之身。在他的意识中，他的表现与其说是一种恐惧，还不如说是理所当然地认为别人会想尽办法欺负他——也就是说，如果他不经常保持攻势就会被欺负。他必须保持高度警惕，随时察觉出他人任何攻击的可能，然后先发制人，无论是出于何种现实目的，都要确保自己不被侵犯。他在潜意识中确信自己不可侵犯，这常常起到很重要的作用。这使他有一种高傲的安全感：他绝不会受到伤害，绝不会暴露，绝不会发生意外或者感染疾病，也绝不会死。如果他还是受到了伤害，无论是他人还是环境所造成的，他的这种伪安全感便会被打碎，他会突然间惊惶失措。

在某种程度上，他的焦虑是对自己内心的爆发性和破坏性因素的恐惧。他觉得自己就像一个随身带着烈性炸药的人。他要有很强的自我控制力，必须时刻保持警惕，才能控制得住那些危险因素，避免发生危害。假如他认为自己酒后不会放松自我控制，因而多喝了几杯，那些危险因素便会显露出来。这时，他便会有极大的破坏性。在特殊情况下，对他来说指的是面对诱惑时，他的那些冲动也可能会上升到意识层面。比如，左拉《人面兽心》一书中的虐待狂在受到一个姑娘的吸引时会十分惊惶，因为这激起了他的谋杀冲动，他想杀了那个姑娘。患者在目睹意外事件或残忍行为时，也会惊恐发作，因为那些景象唤起了他的破坏欲。

这两种因素——自卑和焦虑——是虐待性冲动之所以会被压抑的主要原因。压抑的广度和深度因人而异。破坏性冲动往往只是没有被意识到罢了。总体而言，非常令人吃惊的是，虐待狂行为往往是在患者本人不知不觉的情况下进行的。他只知道自己偶尔会有想虐待弱者的欲望，在读懂别人的虐待行为时会感到莫名的激动，或者知道自己有明显虐待狂性质的幻想。但这些零星的意识之间仍然相互孤立，没有什么联系。他在日常生活中对别人的所作所为大部分都是潜意识的。他对自我和他人的麻木感是遮蔽问题的一种因素，除非这种麻木感得以解除，否则，他便无法对自己的行为有情感上的体验。此外，他为了掩盖虐待狂倾向而做出的诡辩是如此精妙，以至于不但欺骗了自己，连受虐者也会被骗到。我们不能忘记，虐待狂是严重神经症的最终阶段。因此，诡辩的具体形式取决于引起虐待狂倾向的某种神经症的结构。比如，顺从型患者会潜意识地以爱之名奴役他的同伴，而这其实只是一种伪装。他的要求出自他的需要。因为他如此无助，如此忧惧，或者病得如此厉害，便会认为同伴应当为他做些什么。因为他难以忍受孤独，便认为同伴应当对他不离不弃。他会间接地表现出来对同伴的怪罪，总想显示别人让他吃了多少苦。

攻击型患者毫不掩饰地表现出虐待狂倾向——但这并不是说他意识到了这一点。他毫不犹豫地表现出自己的不满、蔑视和要求，但是，他不但觉得自己这么做合情合理，还觉得自己这么做十分坦诚。他还会把对他人的不尊重和对他人的利用进行外化，会威胁他们说，怎么能这么欺负他。

只有超脱型患者在表现虐待狂倾向时显得温和客气。他会悄无声息地挫败别人，而且做出随时会转身离开的样子，让同伴觉得他们是在纠缠或打扰他，从而让他们感到不安。当别人出丑时，他会在心中暗喜。

然而，虐待狂倾向还可以压抑得更深，这种情况就是我们所谓的“倒错的虐待狂”。此时，患者十分惧怕自己的冲动，便会退守自我，尽量不将其暴露出来，以免让自己或他人察觉。于是，他会回避所有类似自我肯定、攻击、敌意的东西，其结果就是陷入广泛而深沉的抑制当中。

我们可以简要地概括这一过程。自我退守、不去奴役他人的结果就是变得无法提出任何要求，更谈不上身居要职或者担任领导了。它会使个体在施加影响、进言献策时过于谨慎，甚至连最合理的嫉妒也被压抑了下去。我们仔细观察后便会发现，这类患者在事情不如意时总是会头疼、胃部不舒服，或者有其他症状。

自我退守、不去利用他人的结果就是自我谦避。具体的表现是不敢表达任何意愿——甚至不敢有任何愿望；面对别人的欺负不敢反抗，甚至不觉得自己受了欺负；总认为别人的期待或要求比自己的更加合理、更加重要；宁愿被人利用，也不愿维护自己的权益。这类人处于一种进退两难的境地。他对自己想利用他人的欲望感到害怕，又因为自己的谦逊而讨厌自己，认为这是一种懦弱的表现。当他被利用时——必然会有这种情形——便会陷于无法解决的困境，他的反应会是抑郁或某种功能性症状。

同样，他非但不会去挫败他人，还会十分贴心和慷慨，生怕让他人失望。他会谨小慎微，以免做出任何可能伤害他人感情或让他人丢脸的事情。他会凭直觉找到一些“好”话来说——比如一句赞赏的话，去增强别人的自信。他总是自发地把错误揽到自己身上，毫不吝惜道歉的话语。如果非要他批评不可，他也会以最温和的方式进行。哪怕是在别人欺负他时，他也毫无异议，只是表示“理解”。但与此同时，他对羞辱十分敏感，会因此而万分痛苦。

情感上的虐待狂倾向如果被压抑得太深，便可能会被另一种感觉取代，那就是，他认为自己对任何人都没有吸引力。这样，个体会真的认为——尽管事实情况并非如此——他对异性没有吸引力，只能要别人挑剩下的。在这种情况中，我们要说的是一种自卑情结，而它只不过是对患者自我认识的另一种表述而已，它可能只是患者自我鄙夷的一种表现。这里的关键问题是，患者认为自己没有魅力，可能只是一种对诱惑的潜意识退却，他不愿去玩这种由征服和拒绝组成的有趣游戏。在分析治疗的过程中，如下情形逐渐明了，患者潜意识地伪造了整个爱的画面。于是会发生一种有趣的变化："丑小鸭"开始意识到自己吸引他人的欲望和能力，但是倘若别人把他的进步当回事了，他便会用气愤与藐视的态度对待他们。

由此形成的人格表现是一种假象，难以评价。它与顺从型个体的人格表现有着惊人的相似性。事实上，公然的虐待狂通常属于攻击型，而倒错的虐待狂通常则是先表现出顺从倾向。它与顺从型个体的相似之处在于，他在童年时期遭受过很大的打击，并且被迫屈服。他可能伪装了自己的情感，于是，他对压迫者不是奋起反抗，而是去爱上他。随着他慢慢长大——大概在青春期时——这种冲突变得难以忍受，于是他把自我孤立的超脱当作了避难所。但是，当他遭遇失败时，便再也受不了这种躲在象牙塔内的孤独状态了。于是，他似乎又退到了先前的依赖状态，只是有一点区别：他对爱的需要变得如此迫切，甚至愿意付出一切代价，也不愿再继续孤身一人。与此同时，他找到爱的机会却变少了，因为他对超脱的需要依然存在，这会不断干扰他与人亲近的欲望。他被这种挣扎弄得心力交瘁，于是变得绝望，产生了虐待狂倾向。但是他对他人的需要如此坚决，因此他不得不压抑自己的虐待狂倾向，也不得不退回去将其掩盖起来。

在这种情况下，与人相处对他来说变成了一种负担，虽然他自己可能没有意识到这一点。他总会显得不自然，显得羞怯。他必须一直扮演与自己的虐待狂冲动相反的形象。他必然认为自己是真的喜欢别人；所以在分析治疗的过程中，当他幡然醒悟自己对别人其实并没多少感情，或者至少是不清楚自己的感情到底是什么时，便会目瞪口呆。此时，他可能会把这种感情的明显缺乏当作一种无法改变的事实。但实际上他只不过是处在脱去积极情感伪装的过程中，潜意识地倾向于对此充耳不闻，也不想去正视自己的虐待狂冲动。他只有在认识到了这些冲动并开始去克服它们的时候，才能够形成对他人的积极情感。

但是，对于训练有素的观察者来说，在这种情形中，某些成分显示了虐待狂倾向的存在。首先，他总是以某种让人浑然不觉的方式威胁、利用和挫败他人。他对待别人总是会有一种虽出自潜意识但却显而易见的蔑视，并且肤浅地认为自己之所以会有这种态度，是因为别人道德品质低劣。此外，他还有许多自相矛盾、前后不一的表现，它们所指向的也是虐待狂倾向。比如，患者有时会以无比的耐心忍受别人对他的虐待行为，但是在别的时候却异常敏感，哪怕一点点被支配、利用或羞辱的感觉都无法忍受。最后一点，他给人以“受虐狂”的印象——也就是，很享受别人对他的虐待。但由于这个词和它的含义容易造成误解，我们最好不去用它，而是去描述其中涉及的有关因素。由于倒错的虐待狂患者彻底地压抑着自己，无法维护自己的权益，因此随时都有被欺负的可能。但是，他还对自己的软弱十分恼火，因此往往会被那些公然的虐待狂个体吸引，对他们既欣赏，又憎恶——后者跟他一样，公然的虐待狂患者感觉到他是一个自甘受虐的人，因此又被他吸引。如此一来，他便把自己置于被利用、被挫败、被羞辱的境地。然而，他绝非享受这种蹂躏，而是痛苦不堪。他从中得到的，只是一种通过别人来实现自己的虐待狂冲动的机会，而无须直面自己的虐待狂倾向。他感到很无辜，感到义愤填膺——但他同时也希望自己有朝一日能打败他。

弗洛伊德也研究了我所描述的这种情形，但他的概括毫无依据，所以他的研究结果没有任何说服力。为了把这些研究结果纳入他的整个哲学框架，他便说它们证实了，无论一个人表面上多么优秀，都有着破坏性的本质。但实际上，这种情形只不过是某种神经症的特定结果而已。

有些人把虐待狂患者等同于性变态者，还有些人会用各种术语把虐待狂患者描述成残忍邪恶的人，与这些观点相比，我们已经取得了很大的进步。性变态其实是相当少见的。即使有这种情况，它所表现的也只不过是患者对待他人的一种总体态度而已。他们的破坏性倾向毋庸置疑，但在理解了这种倾向之后，我们在他们这种显然很不人道的行为背后，看到的却是一个个痛苦不堪的人。有了这层认识，我们就有了通过治疗手段去触碰患者内心的可能。我们会发现，他们其实是这样一种人，这些人被生活击垮，但不顾一切地想将其恢复原状。

结论　神经症冲突的化解

我们越是深刻地认识到神经症冲突对人格造成的伤害，就越是迫切地需要真正地将其化解。但是现在我们已经明白，无论是靠理性决策、逃避，还是意志力，都无法做到。那么，到底应该怎么做呢？要化解冲突只有一个办法，只能靠改变人格中造成冲突的那些状态。

这是根本方法，实施起来也十分困难。在内心做任何改变其实都不是一件易事，鉴于这一点，我们便应当想方设法找出一条捷径。也许，这就是为什么患者还有其他人会经常问：认识到自己的基本冲突是不是就够了？答案显然是，不够。

即使治疗分析师在分析过程开始没多久就看出了患者的分裂状态，并且能够帮助他认识到这种分裂状态，患者的顿悟也不会有立竿见影的效果。它或许可以给患者的病情带来某种程度的缓和，因为患者开始认识到造成自己苦恼的那些实实在在的原因，而不是处于云里雾里、一片茫然了。但他却不能把这种顿悟应用到自己的生活中。他虽然知道了自己身上有分歧的各个部分之间是如何相互作用和相互影响的，但这也没有使他的分裂状态有任何好转。他听说这些事实的时候就像是听到一些新奇的言论一样；它们听上去虽然有鼻子有眼，但他却认识不到它们对自己会有什么影响。由于在潜意识中他有很多保留想法，所以必然会使这种顿悟的作用消失殆尽。在潜意识中，他会坚持认为分析治疗师是在夸大他内心的冲突；若不是外界环境的缘故，他也会好好的；爱情或者成功会使他摆脱痛苦；只要不与人接触便能避免冲突；虽然普通人的确做不到一心二用，但他却可以通过无比强大的意志力和聪明才智做到这一点。或者，他会觉得——同样是潜意识地——分析治疗师是个江湖骗子或者好心的傻瓜，出于职业的缘故才装出一副乐观的样子，他应当知道患者其实已经无可救药了——这说明：患者在用自己的绝望感来回应分析治疗师的建议。

患者的这些保留想法表明：他要么坚持尝试自己专门的解决办法——这些解决办法对他来说比冲突本身更加真实——或者，他内心深处就没对恢复正常抱有希望。所以，必须先搞定患者的企图与这些企图的后果，才能有效地应对他们的基本冲突。

在寻找捷径的过程中还会出现另一个问题，由于弗洛伊德对根源的强调而使这个问题变得更加重要：把这些冲突——一旦认识到它们之后——与它们的根源和患者在童年时代的早期表现联系起来，是不是就够了？答案仍然是：不够——并且，其原因也与前面大致相同。哪怕是对早期经历最详尽的回忆都丝毫不会使他目前的冲突有任何缓和，而只会使他对自己更加宽容和容忍。

全面了解早期环境的影响和它对儿童人格造成的改变，尽管没什么直接的治疗价值，但是对于我们探寻导致神经症冲突的各种状态，却有一定助益。[①]毕竟，正是他与自我、与他人的关

---

① 众所周知，这种了解也有巨大的预防价值。如果我们知道，什么因素有助于儿童的发展，什么因素又会阻碍其发展，那就为我们铺开了一条大路，使我们可以预防后代步神经症患者的后尘，防止神经症的情况产生。

系发生了改变，才导致了最初的冲突。我在先前的作品[1]和本书前面的章节中已经描述过这一发展过程。概括来说就是，某个儿童可能发现自己的处境威胁到了他的内心自由、主动性、安全感和自信心——简而言之就是威胁到了他的精神存在的核心。他觉得自己孤立无援，所以当他初次试图与他人发生联系时，并非出于他的真实情感，而是出于战略需要的考虑。他无法做到简单的喜欢或不喜欢，信任或不信任，表明自己的意愿或反对别人的意愿，而是不由自主地想方设法对付别人，在与他人周旋时，把对自己的伤害降到最低。这种方式的基本特征可以概括为一种与自我和与他人的疏离感、一种无助感、一种无处不在忧虑感，以及一种在人际关系中的敌对紧张感——从一般意义上的提防到十分明确的仇恨。

只要这种状态持续，神经症患者就不可能摒弃任何冲突性倾向。恰恰相反，导致冲突的那些内心需要在神经症的发展过程中反而变得更加迫切。事实上，这种虚假的解决反而更加干扰了他与自己、与他人的关系，这意味着找出真正解决办法的可能性更加渺茫。

---

① 参见拙著《精神分析新法》第八章以及《自我分析》第二章。

所以，治疗的目标只能是改变这些状态本身。我们必须帮助神经症患者去找回自我，去认识自己的真实情感和需要，去形成一套属于自己的价值观，并且在真实情感和信念的基础上与他人相处。如果我们能通过某种魔法实现上述几点，那么，患者的内心冲突便会灰飞烟灭，不需要我们动一根手指头。因为现实中并没有魔法，所以我们必须知道，为了实现上述改变应当采取什么行动。

每一种神经症，无论其症状显得怎样戏剧化，看起来怎样不近人情——其实都是一种性格障碍，治疗的任务便是去分析整个神经症性的性格结构。因此，我们越能清楚地界定这种结构和个体差异，就越能准确地阐明需要去做的工作。如果我们把神经症看作围绕着基本冲突建立的防御工事，就可以大致把分析治疗工作分成两部分。其一，仔细探寻某位患者为解决冲突而进行的潜意识努力，以及这对他整个人格结构的影响。这包括研究他的主导态度、理想化形象、外化作用等，而不考虑它们与背后的基本冲突之间的具体联系。如果我们认为，在讨论冲突之前无法理解和处理这些因素，那就大错特错了，因为尽管它们产生于患者想协调冲突的这一需要，但它们也有自己的生命，有自己的重要性和影响力。

其二，着手处理冲突本身。这不仅指让患者意识到自身冲突的大致情况，还包括帮助他详细地了解这些冲突是如何发生作用的——也就是，他的各种矛盾欲望及因此产生的矛盾态度在具体事例中是怎样相互干扰的。比如，他的顺从倾向，再加上“倒错的虐待狂”的强化，使他无法赢得比赛，或者在竞争性任务中有突出的表现，而同时他想战胜他人的欲望又使胜利成为不可抗拒的需要。又比如，由于诸多原因他有了禁欲主义，这却与他对同情、爱与自我放纵的需要相矛盾。我们必须让他明白，他是怎样在两个极端之间摇摆不定的。比如，他有时候对自己过分严格，有时候又过分宽松。又比如，他对自己的要求有时会被外化为对他人的苛刻要求，再加上这种要求有时会被虐待倾向强化，同时他还有另一种需要，那就是想显得自己无所不知，这两者之间便产生了冲突。结果呢？对于别人的所作所为，他便一会儿谴责，一会儿又原谅，摇摆于两者之间。又比如，这一秒他还夸夸其谈，说自己享有一切权力，下一秒却又突然觉得自己一无所有。

不仅如此，这部分分析工作还包括解释患者试图做出的所有不可能实现的融合与妥协，比如，他试图把自私与慷慨、征服与爱情、支配与牺牲结合起来。还包括帮助患者准确理解他的理想化形象、外化作用等是怎样把他的冲突搞不见了，是怎样将其掩盖起来，消解掉其破坏性力量的。总而言之，分析性工作就是让患者彻底理解自己的冲突——它们对其人格的普遍影响，以及它们是如何引起他的种种症状的。

总的来说，在分析性工作的上述各部分中，患者都表现出不同类型的阻抗。当我们在分析他为解决冲突而做出的种种努力时，他却一心想捍卫自己的态度和倾向固有的主观价值，因此抗拒任何对其真实本质的窥探。在分析他的冲突时，他主要关注的是去证明他的冲突其实根本就不是冲突，因而掩盖了这一事实——他身上的某些倾向其实是相互矛盾的。

至于应该依照什么顺序去处理问题，弗洛伊德的建议是，并且可能永远是最有参考价值的。他把医学治疗的原则运用到了分析治疗的过程中，在处理患者问题的所有方法中，他都强调以下两个因素：我们给出的解释应当对患者有益；不应当给患者带来伤害。换言之，分析治疗师必须想到两个问题：患者在此时是否能承受得住某种顿悟？还有，我们给出的解释对患者是否有意义，是否能使他进行建设性的思考？我们现在仍然缺乏明确的标准去判断患者能够承受的到底是什么，以及究竟是什么有助于促进他的建设性思考。人格结构的个体差别太大了，因此关于应当在什么时机给出什么解释，我们无法有一个教条式的定论，但是我们可以用下面的原则作为指导：只有在患者的态度发生了特定的改变之后，再去处理他的具体问题，才会对其有益，且无过多的风险。在此基础上，我们可以尝试一些常用的方法。只要患者还在一心追求那些对他而言意味着是救星的幻影，即使让他看到了自己的主要冲突，也没什么用。他必须首先认识到，这些追求只是徒劳，只会干扰自己的生活。在分析冲突之前，我们应当用非常简明扼要的语言先去分析患者为解决冲突而进行的种种努力。但我并不是说要刻意避免任何有关冲突的言论。分析治疗方法的谨慎程度取决于整个神经症结构的脆弱程度。对于某些患者来说，如果过早指出他们的冲突，会使其陷入惊恐不安的状态。对于另一些患者来说，他们则会把它当作耳旁风，左耳进右耳出，不会在心中留下任何印象。但是从逻辑上讲，只要患者还在坚持他的那些解决办法，并且潜意识地认为自己用这些办法仍然可以“应付下去”，我们便不能指望他会对自己的冲突表现出多大的兴趣。

另一个需要谨慎对待的问题是理想化形象。如果在这里讨论在什么状况下可以在分析治疗的早期阶段着手处理其中的某些方面，那显然有些偏离了主题。不过，我们最好还是小心一点，因为理想化形象往往是患者身上唯一能让他感到真实的部分。不仅如此，理想化形象可能是唯一能使患者有点儿自尊，并且防止他陷入自轻自贱状态中的因素。患者必须已经获得一定程度的现实性力量，才能忍受对他的形象的贬损。

在分析过程的初期阶段就去处理虐待狂倾向，肯定毫无益处。其中的部分原因是这些倾向与患者的理想化形象相去甚远，恰恰是两种极端。哪怕是到了分析过程后面的阶段，患者在意识到自己的虐待狂倾向时也常常会感到恐惧和厌恶。但是，我们之所以把这一分析推后到患者不再那么绝望、不再那么束手无策的时候再去进行，还有一个更加明确的原因：只要他在潜意识中确信替代性生活是他唯一的解决办法，那么他便绝对不会想去克服自己的虐待狂倾向。

在根据具体的性格结构对个体进行分析时，可采用与上述相同的原则来决定处理问题的先后次序。比如，对于攻击性倾向占主导的患者来说，他鄙弃情感，认为它是软弱的标志，但却会去称赞任何显得很有力量的东西，那么，就应该首先去处理他的这种心态及其产生的影响。如果治疗分析师首先考虑的是他对亲密关系的需要，无论这一需要在分析治疗师看来是多么明显，那都是不对的。患者会憎恶医生有关这种类型的任何举动，因为他觉得这是对自己安全的一种威胁。他觉得他必须严防分析治疗师这种想把他变成“马屁精”的想法。只有当他变得更加坚强时，才能忍受自己的顺从和自我抹杀倾向。对这样的患者，我们最好在开始的一段时间内避开谈及绝望的问题，因为他可能会拒绝承认自己有绝望感。对他来说，绝望暗含着令人厌恶的顾影自怜之意，还意味着非常不光彩地承认了自己的失败。相反，如果患者的顺从倾向占主导，我们应当首先去彻底解决与他“亲近人”的表现相关的所有因素，然后才能去触及他的支配或报复倾向。还是一样，如果患者把自己看成一个伟大的天才或者一个极好的恋人，那么，去分析他对遭受蔑视和拒斥的恐惧，就纯属浪费时间，去分析他的自轻自贱则更是徒劳。

有时，在刚开始分析的时候所能触及的问题非常有限。这种情形尤见于以下这种病例：病人把高度的外化作用与僵硬的自我理想化结合了起来，使他不承认自己有任何缺陷。如果分析治疗师察觉到了这种状况的某些表现，那就千万不要暗示患者他的麻烦其实来自于自身，不做这种解释就避免了浪费时间。不过，在这个阶段倒是可以去触及理想化形象中的某些方面，比如患者对自己的过分要求。

如果分析治疗师熟悉神经症性格结构的发展规律，那也有助于他更迅速、更准确地把握患者通过种种联想想表达什么，从而知道此时应当去处理什么问题。他将能够从患者貌似无足轻重的表现上洞察和预见到他人格中的某个完整的方面，从而把注意力转向那些需要密切注意的东西。他的这种状态与内科医生极其相似，内科医生如果发现患者咳嗽、夜间盗汗、午后乏力，便会考虑肺结核的可能，并以此为依据进行检查。

比如，如果患者总喜欢道歉认错，容易敬仰分析治疗师，在联想时表现出一种自我抹杀的倾向，分析治疗师便能看出，所有这些因素都与“亲近人”有关。他会去分析这是否是患者的主导心态；如果他找到了更多的证据，便会从各个角度全面地处理这个问题。同理，如果患者老是重复那些使自己蒙羞的经历，并且表示他觉得分析治疗的过程也是一种羞辱，那么，分析治疗师就知道自己必须处理患者对羞辱的恐惧。分析治疗师会选择当时最容易找出的源头去解释他们的恐惧。比如，他可能会把这种恐惧与患者坚持理想化形象的需要联系起来，前提条件是患者已经认识到了理想化形象的一部分。又比如，患者在分析治疗的过程中表现出他的怠惰，还说感觉自己快要完蛋了，分析治疗师这时就得在力所能及的范围内去处理他的绝望感。如果这发生在分析治疗的初期，治疗师或许只能向病人指出这种绝望感意味着什么——那就是，患者已自暴自弃。然后，他会试图告知患者，他的绝望感并不是源自实实在在的绝望处境，而是一个亟待被认识并最终被解决的问题。如果绝望感出现在分析治疗的后期，那么，治疗师或许可以把它与更具体的因素联系起来，那就是患者找不到摆脱冲突的办法，或是达不到理想化形象的标准。

虽然上面建议了许多措施，但我们仍为分析治疗师留下了足够的空间去发挥他的直觉和灵敏性，他需要借助敏感性才能搞清楚患者到底发生了什么事。这仍然是分析治疗师应当努力将其发展到极致的十分宝贵的，甚至是不可或缺的天赋。尽管分析治疗师用到了直觉，但这并不意味着分析过程只是一门“艺术”，或仅凭常识就足以解决。对神经症性格结构的了解，使以此为依据的推论具有严格的科学性，并且使分析治疗师能够准确、负责地实施分析治疗。

不过，因为神经症性格结构的个体差异非常大，所以分析治疗师有时只能在试验与错误中小心前进。我说的错误，并不是指那些严重的错误，比如把患者没有的动机强加在他的身上，或没有抓住他的基本神经症倾向。我所指的是那些非常常见的差错，比如，在患者还没做好心理准备的时候，就向他做各种解释。那些严重错误是能够避免的，而这种由于过早进行解释而导致的差错总是在所难免的。然而，如果我们能够非常警觉，留意患者对某种解释所做出的反应，我们就能较快地察觉到这种差错，并依此做出调整。在我看来，人们似乎太过强调患者的“阻抗”，即太过关注他对某种解释是接受还是拒斥，却很少注意他的反应表示的到底是什么。这一点非常可惜，因为正是通过患者的反应类型和反应详情，分析治疗师才能判断出，在患者做好准备去处理分析治疗师所指出的问题之前，分析治疗师应当先去处理什么。

下面的例子能很好地说明这种情况。这个患者认识到了在人际交往的过程中，面对同伴对自己的任何要求，他都会表现出恼怒不堪。哪怕最合理的请求，他也会觉得是一种胁迫；最应得的批评，他也会觉得是一种侮辱。与此同时，他又觉得自己可以任情恣性地要求别人全心全意地付出，还觉得自己可以口无遮拦地表达对他人的批评。换言之，他认识到他给了自己所有的特权，而剥夺了同伴的一切权力。他开始明白，这种心态即使没有毁掉，也势必会损害他的友谊与婚姻。到现在为止，他在分析治疗的过程中一直都非常积极主动，效果也很不错。但自从意识到了自己这种心态的后果之后，他便总是十分沉默；患者有些抑郁和焦虑。他所做出的那些为数不多的联想反映出他有强烈的离群倾向，几个小时以前，他还热切地希望与某个女人建立良好的关系，这两种情况形成了鲜明的对比。这种离群倾向表明，他无法忍受自己与他人之间出现相互平等的场景：他在理论上接受这种平等关系，但在实践中却拒绝接受。他之所以会抑郁，正是因为他发现自己的处境是一个无法解决的困境，而离群倾向则意味着他在试着去探索出一种解决办法。当他认识到离群独处是一种徒劳，并且除了改变自己的心态之外没有任何别的解决办法时，他才开始思考这个问题：为什么自己就是不能接受这种相互平等的状态呢？他随后出现的联想表明，在情感上他只看到两种可能：要么占有一切权力，要么什么权力都没有。他说，他害怕如果自己让出了权力给别人，就再也不能随心所欲了，而只能依照他人的意愿行事。而这反过来又使他对整个顺从与自我谦避的倾向一览无余，虽然这些倾向已经在治疗过程中接触过，但却从未如此全面地认识过，从未被如此地重视过。由于种种原因，他的顺从性与依赖性都非常强，因此他才不得不把所有权力都据为己有，借此来人为地建起一座防御工事。当顺从倾向仍是他的一种十分迫切的内心需要时，在这种情况下让他放弃这种防御措施，无异于让他把自己的整个人格都给淹没掉。在没有解决患者的顺从倾向之前，想去改变他那种随心所欲的处事方式，这一点想都不要想。

本书所说的每一点都清楚表明，无论通过哪一种单一的方法都绝不可能彻底解决某个问题；我们必须从各个角度对其进行反复地探讨。这是因为患者的每一种心态都有着种种的根源，并且在神经症的发展过程中又会呈现出新的功能。比如，息事宁人、忍气吞声的心态最初是源于对爱的神经症性需要，因此在分析这种需要时必须得分析他的这种心态。当我们着手分析患者的理想化形象时必须分析他的这种心态。在这种情况下，我们可以认为，息事宁人的心态表现出患者认为自己是圣人。而我们在讨论他的自我孤立倾向时，便能明白，这种心态中还包括想避免摩擦的成分。再有，当我们认识到患者对他人的畏惧以及他对自身虐待狂冲动的克制时，这种心态的强迫性本质便更加显露出来。在其他情况下，患者对胁迫的敏感可能是由于他的离群独处状态而采取的一种防御性态度，接着，则被看作他的权力欲的投射，然后，或许会被认为是一种外化作用、内心驱迫或其他倾向的表现。

任何在分析治疗的过程中逐渐成形的神经症态度或冲突，都必须放在整个人格结构中去进行理解。这就是我们所谓的解决。它包括以下几个步骤：使患者意识到他的特定倾向或冲突的所有公开或隐匿的表现，帮助他认识其强迫性本质，使他能够认识到其主观价值和不利后果。

当患者发现了一种神经症性怪癖时，往往不是先去分析它，而是会提出这样一个问题："它是怎么产生的？"无论是出于有意识还是潜意识，他都希望通过找到它的历史源头来解决这个问题。分析治疗师必须把他拉回来，不让他躲避到过去中，并鼓励他首先去分析这种怪癖到底有哪些表现——换句话说，要先去熟悉怪癖本身的情况。患者必须知道这种怪癖的具体表现方式，他为了掩盖它所采取的措施，以及他自己对它所持的心态。比如，假如患者对顺从倾向的畏惧已经明朗，他必须搞清楚自己对那些自我谦避行为的憎恶、恐惧和鄙视态度到了何种程度。他必须认识到，为了把一切顺从倾向以及顺从倾向的一切表现从自己的生活中清除掉，他潜意识地进行了种种检查。然后，他会明白，那些表面上格格不入的态度其实都服务于这一目的；他对他人的敏感性已经麻木了，以至于不了解他们的情感、欲望或反应；这使他变得对他人漠不关心；他已扼杀了自己对他人的所有好感，也扼杀了自己想得到他人好感的欲望；他鄙视他人的柔情与善意；他会不由自主地拒绝他人的请求；在个人关系上，他自认有资格喜怒无常、吹毛求疵、求全责备，但又不认为他人有上述的任何特权。或者，如果我们关注的是患者的无所不能感，那么，仅仅使患者认识到自己有这种感觉还不够。他必须看到，他从早到晚都在为自己制定不可能完成的伟大任务。比如，他认为他有能力快速地写出一篇主题复杂的出色论文；尽管他已疲惫不堪，他仍然希望自己能文思泉涌、妙笔生花；在分析治疗的过程中，在瞥见问题的那一刻，便能将其解决。

其次，患者必须认识到，他是迫不得已才依照某种倾向行事的，对自己的欲望或利益视而不见，往往还会与之反着来。他必须认识到，这种强迫性是不加选择的，常常不会参考事实情况。例如，他应该明白，他对朋友和对敌人一样，同样都会吹毛求疵。无论同伴怎么做，他都会责怪。如果同伴态度和蔼，他便怀疑他是因为心中有愧才如此这般；如果对方态度强硬，那便是飞扬跋扈；如果对方让步，那便是胆小怕事；如果对方喜欢跟他在一起，那便太过于唾手可得；如果对方无论什么都拒绝，那便是小肚鸡肠；等等。或者，如果讨论的问题是患者对被需要和被欢迎的不确定感，那么他就必须认识到，尽管所有证据都表明他被需要和被欢迎，他的不确定感依然存在。若想理解某种倾向的强迫性，我们还需要认识该倾向一旦受挫，患者会有何种反应。比如，假如出现的倾向涉及患者对爱的需要，那么，他应当看到，在出现任何遭拒或友谊减弱的迹象时，他便会感到不知所措、惊恐万分，哪怕这些迹象非常细微，哪怕那位友人本就无足轻重。

第一步是让患者看到他的某个问题的严重程度；第二步则是使他认识到引起该问题的各种因素的强度。这两个步骤都会激起他进一步检查自己的兴趣。

当提到分析某种倾向的主观价值时，患者往往会迫不及待地主动提供信息。他可能会说，他对权威或者任何表现得像压迫的东西做出反抗、挑战，是迫不得已的，是生死攸关的，因为若不那样做，他会受制于他那无比严厉的父母；他还会说，无论过去还是现在，优越感都给了他极大的帮助，使他在缺乏自尊心的情况下仍能继续前行；他的超脱或者“无所谓”的心态保护了他不受伤害。诚然，患者的这种联想是为了自我辩护，但也能反映出一些问题。它使我们知道，患者起初为什么会有这种态度，从而使我们看到其历史价值，并使我们更好地理解患者病情的发展过程。但最重要的是，它带领我们看到这种倾向在当前起到的作用。站在治疗的立场上看，这些功能才是最重要的。没有哪一种神经症倾向或冲突只是过去遗留下来的痕迹——就像一种一旦确立便会一直存在的习惯。我们可以确信，这些倾向或冲突取决于当前性格结构中的某种迫切需要。最初形成某种神经症性怪癖的原因并不那么重要，因为我们要改变的是在当前起作用的种种力量。

某种神经症状态的主观价值，主要在于它能与其他的神经症倾向相抗衡。因此，如果全面领会其价值，我们就知道该怎样处理某一具体病例了。比如，如果我们知道，某位患者不肯放弃他的无所不能感，因为这可以使他把自己潜在的可能性当作事实，把自己的光辉前景当作已取得的成就。那么，我们就必须检查一下他到底在何种程度上生活在想象之中。如果他让我们了解到，他之所以这样做，是为了确保自己不遭遇失败，我们的注意力便会转移到那些使他有失败预感且时常害怕遭受失败的因素上来。

最重要的治疗步骤是使患者看到事情的对立面：他的神经症性欲望和冲突的负面作用。在先前的步骤中已经包含了一部分这种工作；但关键问题是，这幅关于负面作用的画面应当完整且详尽。只有到这一步，患者才会真切地感受到自己需要做出改变。鉴于每一种神经症都强迫性地想维持现状，因此需要有一种能压倒阻滞因素、足够强大的动机。然而，这种动机只能来自于病人对内心自由、幸福、成长的渴求，来自于他的这样一种认识：每一种神经症问题都阻碍着这种渴求的实现。因此，假如他有自我贬低、自我责怪的倾向，那他必须认识到，这种倾向抹杀了他的自尊，使他失去了希望；这使他感到自己不被需要，迫使他去忍受虐待，反过来又使他变得报复心很强；这使他的动力和工作能力陷于瘫痪；为了避免陷于自轻自贱的深渊，他被迫表现出防御态度，如自大、自我疏离、对自己抱不切实际的想法，从而使神经症继续存在下去。

同样，在分析治疗的过程中，当患者看到自己的某种冲突时，他还得意识到它对自己生活的影响。当患者的冲突是自我谦避与渴求胜利之间的矛盾时，有必要让患者了解倒错虐待狂这一病症所固有的种种束缚性抑制。患者必须看到，他对每一种自我抹杀的表现都感到自轻自贱，对他阿谀奉承的人都感到愤恨；而另一方面，他每次试图去战胜别人，都会觉得自己可怕，而且担心自己遭到报复。

有时会发生这种情况：即使患者已经认识到了不利后果的范围，他也完全不想去关注如何克服自己的神经症性心态的方法。相反，这个问题似乎从画面中消失了。他不知不觉地把它推到一边，毫无收获。鉴于他已经看到了自我施加的各种伤害，但他却无动于衷，这一点值得我们关注。不过，除非分析治疗师能机敏地识别出这种无动于衷的反应，否则，患者的这种缺乏兴趣的现象很可能会被忽视。病人会说起另一个话题，分析治疗师也会被他带着走，直到两人再次进入一个类似的死胡同。只有在过了很长一段时间之后，治疗师才能意识到，自己做了大量工作，却没有看到患者发生多大的变化。

如果分析治疗师知道这种反应会时不时地发生，他便会问自己，到底是患者身上的什么因素使他拒绝接受这一事实——他的某些态度已造成了许多有害的后果，必须改变这些态度。这通常有多种原因，治疗师只能一个一个地逐一处理。患者可能还深陷于绝望之中，动弹不得，认为不会再有什么改变了。他想战胜医生、挫败医生、让他出丑，这种欲望可能远远超过了他对自我的关注。他的外化倾向也许还很强烈，所以尽管他认识到了外化倾向的后果，却仍然无法把这种顿悟应用于自身。他对无所不能感的需要也许还很强大，所以尽管他明白它的后果无法避免，但在心中还是暗暗认为自己有能力避开这些后果。他的理想化形象也许还非常顽固，所以他不能接受自己居然有神经症性心态或冲突。于是，他只会对自己感到恼火，觉得既然自己已经意识到了问题的存在，就应当有能力掌控这些问题。很重要的一点是，我们必须认识到这些可能，这是因为，如果忽视了那些使患者失去动力，不想做出改变的原因，分析治疗师很容易变成休斯登·比得逊所谓的“心理学狂”，即为了心理学而心理学。在这种情况下，促使病人接受自我，那显然是有益的。哪怕冲突本身没有发生任何变化，患者也松了一口气，开始有了想从缠绕着自己的网中脱身出来的表现。一旦形成了这种有利于分析工作的状态，患者的改变便指日可待了。

毫无疑问，以上的论述并不是一篇关于分析治疗技术的论文。我没有试图涵盖那些使问题恶化的所有因素，也不试图去涵盖所有有疗效的因素。比如，我没有去讨论患者把自己的防御性或攻击性怪癖带入与医生的关系后，会产生什么利弊——尽管这是很重要的一个因素。我所描述的那些步骤，只是在每一次发现新的倾向或冲突时我们必须经历的基本过程。我们往往不可能依照前面所说的顺疗进行分析，因为即使某个问题已经十分明显了，但患者本人可能还是无法领会。就像在前面提到的那个关于患者吹嘘权力的病例一样，一个问题只会暴露出另一个问题，而后一个问题又必须先分析。只要每一个步骤最终都完成了，顺序问题便不是那么重要了。

经过分析治疗而引起的具体症状的改变自然是因问题而异的。当患者认识到自己潜意识中无力的愤怒及其原因时，他的惊恐状态便会平息。当他认识到自己所处的困境时，情绪便会高涨起来，不再那么抑郁。但每一项成功的分析工作，都会使患者在对人和对己的态度上发生某种总体变化，而这种变化跟当时探讨的具体问题没有太大关系。如果我们要处理的是下面这些各不相同的问题，比如过分强调性欲、认为自己可以随心所欲、对胁迫的过于敏感等，我们会发现，对它们的分析，会对人格有同样的影响。无论分析的是其中哪一种问题，患者的敌意、无助、恐惧、与自我和与他人的疏离等表现都会有所缓解。比如，我们来探讨一下，在下面这些例子中，对自我的疏离是如何缓解的。一个过于强调性欲的人只有在性经历和性幻想中才会觉得自己活着；他的个人成败都仅限于性的领域，他所看重的自己身上的唯一优点只是他的性吸引力。只有当他对这种状态有所了解之后，他才能开始对生活的其他方面产生兴趣，从而重新找回自我。一个认为自己可以随心所欲的人，会觉得现实都必然会按照自己的想象进行，他没有看到自己只是一个普通人。他既看不见自己的局限，也看不见自己真正拥有的东西。通过分析治疗，他不再错误地把自己的潜能当作已取得的成就了；他不仅能正视真实的自我，也能接受真实的自我了。一个对胁迫极度敏感的人已经忘却了自己的欲望和信念，只觉得是别人在支配和掌控他。当分析了这种状况以后，他开始明白自己真正想要的是什么，从而能够为自己的目标而奋斗。

在每一次分析治疗的过程中，被压抑的敌对情绪，无论其种类和来源，都会浮出水面，暂时使患者更加易怒，但每放弃一种神经症性心态，这种不理性的敌意都会有所减弱。当患者认识到面临的那些问题也有自己的原因，不再将其外化，变得不那么脆弱、恐惧、依赖、苛求的时候，他的敌对情绪便会减弱。

敌意的缓和要依赖于患者无助感的减弱。一个人越是强大，便越不会觉得受到他人的威胁。力量的增长源自诸多原因。过去，他把重心放在别人的身上，现在开始转向了自我；他感到自己更有活力，并开始建立起一套属于自己的价值观。他会逐渐发掘出更多的力量：原先用于压抑自我的那部分能量得到了释放；他不再那么压抑，不再因为恐惧、自轻自贱和绝望而动弹不得。他不再盲目地服从、对抗或发泄虐待狂冲动，他能够更加理性地做出让步，因而变得更加坚强。

最后，尽管他会因为已有的防御工事被摧毁而暂时激起焦虑情绪，但随后进行的每一个有利步骤都势必会将其减弱，因为患者不再那么畏惧他人和自我。

这些改变的总体结果是患者的人际关系得到了改善。他不再那样自我孤立，从而变得更加强大，变得不再那么敌对，他人也逐渐不再是他必须对抗、操纵或回避的威胁了。他能够对他们产生友好的情感。随着他放弃了外化作用，消除了自我鄙夷，他与自我的关系也大大改善了。

如果仔细看一下发生在分析过程中的这些变化，我们能看到，这些变化同样发生在最初导致了冲突的那些条件上。在神经症的发展过程中，所有压力都日趋严重；而在治疗的过程中，则刚好与之相反。患者在过去需要去应对充满了无助、恐惧、敌意、孤立的世界，他因此而产生的心态现在开始变得没有意义，因此可以逐渐放弃。的确，面对那些令自己讨厌并且还欺负自己的人，如果自己有能力与之平起平坐，还有什么必要去自我抹杀、自我牺牲呢？如果自己内心有安全感，并且在与他人一起生活和奋斗的时候不再有那种经常出现的，害怕自己会被淹没的恐惧感，那么，还有什么必要去对权力或声望贪得无厌呢？如果自己有能力去爱，也不怕抗争，那么，还有什么必要去焦虑地回避与他人的交往呢？

要做这项工作是需要时间的；患者内心越纠结，面临的障碍越大，需要的时间就越多。我们可以理解，人们渴望一种简洁有效的分析疗法。我们很想看到更多的人能从分析治疗中获益，并且我们认识到，有一点帮助总好过没有帮助。诚然，神经症有严重程度的差异，较轻微的神经症可以在较短的时间内见效。尽管某些简短的心理疗法的实验似乎很有希望，但不幸的是，很多都是在想当然，这种疗法没有考虑到在神经症中起作用的种种强大力量。对严重的神经症来说，我认为，要想缩短分析过程，必须更好地理解神经症性格结构，从而节省摸索各种解释的时间。

幸运的是，分析法并不是解决内心冲突的唯一方法，生活本身同样是一个非常有效的治疗者。一个人各种各样的经历可能足以使他发生人格改变。那可能是一个真正为人榜样的伟大的人的激励；那可能是一个普通的悲剧，它使患者与他人密切接触，从而使他脱离了以自我为中心的离群状态；那可能是与意气相投之人的交往，它使患者感到无须再去操纵或躲避他们。在其他情况中，患者的神经症行为可能非常极端，或者过于频繁，这给患者留下了深刻的印象，反而使他不再那么恐惧和固执。

但是，生活带来的疗效不受我们的控制。为了满足某个人的特定需要，我们不可能去刻意安排一场麻烦、一段友情或一次宗教体验。生活作为治疗者，是无情的；对一个患者有益的情形可能会毁掉另一个患者。并且，我们已经看到，患者对自身神经症行为的后果缺乏认识，也缺乏从中吸取教训的能力。我们甚至可以说，如果患者获得了从自己的经验中吸取教训的能力——也就是如果他能分析出是他自身的原因导致了各种问题，能理解自己的责任，并把这种顿悟运用于生活当中。那么，我们就可以放心地结束分析治疗了。

既然我们知道了冲突在神经症中所起的作用，又认识到了这些冲突可以被化解，这就有必要重新界定分析疗法的目的。虽然许多神经症紊乱都属于医学的范畴，但是，用医学术语去界定分析疗法的目的是行不通的。因为哪怕是身心疾病，从本质上来说都是人格冲突的终极表现，所以治疗目的应当用人格范畴的术语去界定。

如此看来，这些目的中包括了多层目标。患者必须获得对自己负责的能力，这意味着，他认为自己才是生活中最积极可靠的力量，并且敢作敢当。同时，他也觉得自己应当对他人负责，欣然承担那些他认为值得承担的义务，无论这些义务涉及的是子女、父母、朋友、下属、同事、社区，还是国家。

与此密切相关的另一个目标是获得内心的独立——既不只是藐视他人的观点和信念，也不只是盲从。这主要是指，使患者能够建立起自己的一套价值体系并把它用于现实生活中。在与他人相处时，这需要他尊重他人的个性和权力，并且以此为基础实现真正的相互平等。这与真正的民主思想如出一辙。

我们还可以用“情感的自发性”这一术语来界定上述目的，也就是能够认识和表露自己的情感，无论是爱恨、喜悲，还是恐惧或欲望。这包括既能表达这些情感，又能主动控制。由于爱与友谊如此重要，所以在这里应特别说说这两点。爱既不是寄生般的依附，也不是虐待式的支配，而是像麦克马雷所说："这样一种关系，除本身之外别无其他目的；我们之所以在这种关系中相互联系，是因为对人类来说，与他人分享经验、相互理解、在共同生活中怡情养性、推心置腹是再自然不过的一种事情。"

关于分析治疗的目的的最全面表述是对真心实意的追求：卸去伪装，以诚待人，全心全意地对待自己的情感、工作与信念。只有化解了冲突，才有可能接近这些目标。

这些目标并不是随意制定的。它们之所以切实可行，也不仅仅是因为它们符合历朝历代仁人志士的追求。这种符合也绝非偶然，因为它们正是心理健康的要素。我们有理由提出这些目标，因为它们是依据神经症的病理因素而做出的合乎逻辑的设想。

我们之所以敢提出这么高的目标，是因为我们坚信人格是可以改变的。不仅仅是儿童才具有可塑性，我们所有人都有能力去改变，甚至是做出根本性的改变。这种信念有生活经验的支持。分析治疗则是促成根本改变的一种最强有力的手段。我们越是清楚神经症中的各种作用因素，就越有可能促成预期的改变。

无论是分析治疗师还是患者，都不可能百分之百地实现这些目标。它们是我们为之奋斗的理想；其现实意义在于，它们能为我们的治疗和生活提供指导。如果我们不清楚这些理想的意义，就会有这样的风险，用新的理想化形象去取代旧的。我们也必须认识到，分析治疗师并没有能力把患者变成一个完美无缺的人。他只能帮助患者自由地去努力靠近那些理想。这还意味着给了患者一个机会，使他能够变得更加成熟，取得更大的进步。